写真　一之瀬ちひろ

おべんとうのおかず196 素材別さくいん

掲載しているすべての料理を、使用する主な材料によって分類し、五十音順にまとめました。どの材料からどんなおかずを作れるか、おべんとうの献立を考えるときに役立つさくいんです。

●=メインおかず　●=サブおかず
●=付け合わせ　○=その他
定=定番おかず　作=作り置きおかず
カ=カロリーオフおかず

◎肉のおかず

◎野菜のおかず

◎豆・豆腐のおかず

◎その他

◎この本でご紹介しているレシピの計量単位は、カップ1杯は200㎖、大サジ1杯は15㎖、小サジ1杯は5㎖です。計量カップや計量スプーンで量りにくいものは、gで示しています。

◎電子レンジの加熱時間は出力500Wのものを基準にしています。600Wの場合は0.8倍、700Wの場合は0.7倍の時間をめやすに加熱してください。機種や庫内のサイズによって多少差があります。

◎オーブントースターの加熱時間は出力1000Wのものを基準にしています。機種や庫内のサイズによって多少差がありますので、様子を見ながら加減してください。

デザイン　林 修三　熊谷菜都美（リムラムデザイン）
カバー写真　木村 拓
カバー料理　瀬尾幸子
さくいん絵　川原真由美
プリンティングディレクター　小林武司（凸版印刷株式会社）

手早くレパートリー豊かに作る
定番おかずのおべんとう

料理　瀬尾幸子　写真　木村拓

ハンバーグべんとう

ケチャップソースをかけたハンバーグに甘い玉子焼き。
人気のおかずの組み合わせで、誰もが喜ぶ定番のおべんとうです。

●キャベツのゆかり揉み 38頁
手早く作れるおかずは忙しい朝に重宝します。

●甘い玉子焼き 28頁
具を変えれば、毎日飽きることがありません。

●基本のハンバーグ 10頁
豆腐入りで、冷めてもふっくらと柔らかい。

瀬尾幸子さんの考える 毎日作り続けるおかず

忙しい朝に作るおべんとうのおかずは、手早く、楽に作れることがポイントです。売られているような華やかなものを目指して、手の込んだ料理ばかりを詰めたり、飾りつけにこだわったりとがんばり過ぎると、毎日作ることが重荷になってしまいます。「こうでなければならない」という先入観を捨て、おべんとうのハードルを下げましょう。一見地味に感じるかもしれませんが、それこそが毎日作り続けられるおべんとうなのです。

毎日作り続けると、おかずがワンパターンになりがちです。だからといって、特別な料理や新しいレシピをたくさん覚える必要はありません。まずは「ハンバーグ」「豚肉炒め」「玉子巻き」「野菜炒め」「カップ焼き」など、短時間で少量を作ることができる定番おかずを、何度も作って自分のものにしましょう。それから、同じ作り方で、具や味つけを変える方法を覚えていきます。そうすれば、無理せずレパートリー豊かに作り続けることができます。

定番おかずを使った詰め合わせ見本

10～41頁でご紹介する、定番おかずの組み合わせ見本です。メインのおかずごとに、味つけや具の組み合わせにバリエーションをつけてご紹介します。おかずの詰め方やバランスなども参考にして、ほかのおかずとの組み合わせにもお役立てください。

から揚げ メイン

甘酢から揚げべんとう

ハンバーグ メイン

照り焼きハンバーグべんとう

から揚げ メイン

南蛮漬け風から揚げべんとう

ハンバーグ メイン

ダシ煮ハンバーグべんとう

から揚げ メイン

チキン南蛮べんとう

から揚げ メイン

鶏のから揚げべんとう

● メインおかず
● サブおかず
● 付け合わせ
○ その他

• メインおかずのカテゴリーごとに分類しています。

鶏焼き メイン

照り焼きチキンべんとう

照り焼きチキン 20頁

チーズのサニーレタス巻き 39頁

ゆで玉子のねぎみそ和え 30頁

牛肉炒め メイン

すき焼き炒めべんとう

牛肉とねぎのすき焼き炒め 18頁

アスパラのラー油炒め 33頁

塩ゆで小松菜ポン酢添え

もやしの玉子炒め 30頁

肉巻き メイン

豚肉アスパラ巻きべんとう

豚肉のアスパラ巻き 16頁

玉ねぎと厚揚げのカップ焼き 40頁

ゆで玉子のしょう油和え 30頁

鶏焼き メイン

タンドリーチキンべんとう

タンドリー風チキン 21頁

ベーコンとチーズの玉子焼き 29頁

スナップエンドウのじゃこ炒め 33頁

牛肉炒め メイン

牛肉みそ炒めべんとう

牛肉とエリンギのみそ炒め 18頁

キャベツのポン酢和え 35頁

肉巻き メイン

牛肉ゆで玉子巻きべんとう

牛肉のゆで玉子巻き 16頁

ブロッコリーのみそマヨネーズ和え 35頁

鶏焼き メイン

鶏の柚子こしょう焼きべんとう

細ねぎ入りポテトサラダ 36頁

小松菜のしょうが炒め 33頁

鶏肉の柚子こしょう焼き 20頁

牛肉炒め メイン

青椒肉絲べんとう

牛肉とピーマンの青椒肉絲風 19頁

長いもとハムのポテトサラダ 36頁

アサリの佃煮入り玉子焼き 28頁

肉巻き メイン

鶏ささ身ロールべんとう

鶏ささ身ロール 17頁

きんぴらの玉子巻き 31頁

ウインナーとしめじのケチャップ炒め 27頁

メインおかず　サブおかず　付け合わせ　その他

焼き魚 メイン

鮭のしょう油焼きべんとう

●鮭の酒粕しょう油漬け焼き 25頁
○黒豆（市販）
●甘い玉子焼き 28頁
●竹輪と明太子の
カップ焼き 41頁

豚肉炒め メイン

豚肉玉子炒めべんとう

●豚肉と椎茸の玉子炒め 22頁
●パプリカの
しょう油炒め 33頁
●ごま和えいんげんの
カップ焼き 40頁

豚肉炒め メイン

炒り豚べんとう

●小松菜とかつおぶしの
玉子焼き 29頁
●キャベツとコーンの
コールスロー 37頁
●炒り豚 23頁

エビ炒め メイン

エビチリ玉子炒めべんとう

●エビチリ風
玉子炒め 26頁
●アスパラとトマトの
カップ焼き 41頁
○塩ゆでさやいんげん

焼き魚 メイン

カジキのみそ焼きべんとう

●五目ナムル 34頁
●ダシ巻き玉子 28頁
●カジキの酒粕
みそ漬け焼き 25頁

豚肉炒め メイン

しょうが焼きべんとう

●豚肉の
しょうが焼き 22頁
●なすの
梅干し揉み 38頁
●明太子と細ねぎの
玉子焼き 29頁

エビ炒め メイン

中華風エビ炒めべんとう

●エビと厚揚げの
中華風炒め 26頁
●スナップエンドウの
ごま和え 34頁
●細ねぎと紅しょうがの
玉子巻き 31頁

焼き魚 メイン

鮭のマヨみそ焼きべんとう

●鮭のマヨネーズ
みそ焼き 24頁
●かぼちゃの
レンジ煮 39頁
●ウインナーの
香り炒め 27頁

豚肉炒め メイン

豚肉ごまみそ炒め べんとう

●スライスチーズと
ハムの玉子巻き 31頁
●にんじんとタラコの
レンジ炒め 39頁
●豚肉となすの
ごまみそ炒め 23頁

定番おかずのレシピ集

みんなが喜ぶ人気のおかずを集めました。毎日違ったおいしさを楽しめるように、材料や味つけを変えたバリエーションでご紹介します。

1 基本のハンバーグ

つなぎに豆腐を使ったヘルシーなハンバーグ。玉子を使わず、1人分でも作りやすいレシピです。

材料（1人分）

A ハンバーグのタネ
［・合いびき肉…70g
・玉ねぎ（みじん切り）…大サジ3杯分
・木綿豆腐…25g
・片栗粉…小サジ2杯
・塩、コショー…各少々］

B ソース（混ぜ合わせておく）
［・トマトケチャップ…小サジ2杯
・中濃ソース…小サジ2杯
・しょう油…少々］

作り方

1 ハンバーグのタネの材料をボールに入れてよく混ぜます。

※豆腐が玉子とパン粉の代わりになります。豆腐は水きりをする必要はありません。

2 1を3等分して円盤形にまとめます。

1

2

※おべんとう箱に詰めやすいように小さめに成形します。火の通りも早くなります。

3 フライパンを中火で熱してサラダ油（分量外）をうすくひき、2を並べます。

4 焼き色がついたら裏返し、弱火にしてフタをし、1分30秒焼きます。

5 冷ましてからおべんとう箱に詰め、Bのソースをかけます。

2 ハンバーグ バーベキューソース煮

ソースを煮からめ、味をしみ込ませます。

材料（1人分）
・基本のハンバーグのタネ（10頁）…1人分
A（混ぜ合わせておく）
［・中濃ソース…小サジ2杯
・トマトケチャップ…大サジ1杯
・しょう油…少々
・水…大サジ2杯］

作り方
1　10頁と同様に基本のハンバーグを焼きます。
2　両面が焼けたら、フライパンに出た余分な油をキッチンペーパーで吸い取り、Aを入れて弱火で煮立てます。トロミがついたら火を止めて、からめます。

3 照り焼きハンバーグ

香ばしい和風の照り焼きダレにご飯が進みます。

材料（1人分）
・基本のハンバーグのタネ（10頁）…1人分
A（混ぜ合わせておく）
［・みりん…小サジ2杯
・しょう油…大サジ1/2杯
・片栗粉…小サジ1/4杯
・水…大サジ1杯］

※輪切りにしたズッキーニを一緒に焼いて、塩・コショーをすると、野菜の付け合わせも一度にできます。

作り方
1　10頁と同様に基本のハンバーグを焼きます。
2　両面が焼けたら、フライパンに出た余分な油をキッチンペーパーで吸い取り、Aを入れて弱火で煮立てます。トロミがついたら火を止めて、からめます。

4 椎茸入りダシ煮ハンバーグ

椎茸のうま味を含んだ和風のソースです。

材料（1人分）

・基本のハンバーグのタネ（10頁）…1人分
・椎茸…1枚
・細ねぎ（小口切り）…1本分

A（混ぜ合わせておく）
［・市販の白ダシ（うどん用の7倍濃縮ダシ）…小サジ2杯
・片栗粉…小サジ1/2杯
・水…50㎖］

作り方

1 椎茸は石突きを取り、1×2㎝位に切ります。

2 タネを4等分し、10頁と同様に基本のハンバーグと1を焼きます。

3 両面が焼けたら、フライパンに出た余分な油をキッチンペーパーで吸い取り、Aを入れて弱火にかけます。充分にトロミがつくまで煮て、細ねぎを加えて混ぜます。

5 チキンハンバーグ

あっさりしていて柔らかい口あたりです。

材料（1人分）

A ハンバーグのタネ
［・鶏ひき肉（もも）…70g　・玉ねぎ（みじん切り）…大サジ3杯分　・木綿豆腐…25g　・塩、コショー…各少々　・片栗粉…小サジ2杯］

B ソース（混ぜ合わせておく）
［・みりん…小サジ2杯　・しょう油…小サジ1杯　・片栗粉…小サジ1/4杯　・水…大サジ1杯］

作り方

1 ハンバーグのタネの材料をよく混ぜ合わせ、4等分して円盤形にします。10頁と同様に焼きます。焼き色がついたら裏返し、フタをして弱火で1分位焼きます。

2 フライパンに出た余分な油をキッチンペーパーで吸い取り、Bを入れて弱火で煮立て、ほどよいトロミがついたら火を止めて、からめます。

6 基本の鶏のから揚げ

おべんとうの定番、しょう油味のから揚げです。衣に玉子を加えて、冷めても柔らかい仕上がりに。

材料（1人分）
- 鶏もも肉…1/2枚（150g）
- 溶き玉子…大サジ1杯
- しょう油…小サジ1杯
- 薄力粉…適量
- 揚げ油

作り方

1 鶏肉はひと口大に切ります。

2 ボールに、鶏肉、しょう油（a）、溶き玉子（b）を入れて手で揉み、5分位おいてなじませます。

※玉子が肉をコーティングするので、うま味が逃げず、肉がふっくらして、冷めてもぱさつきません。余った玉子は玉子焼きなどに使いましょう。

3 2の水気をきり、薄力粉をムラなくまぶしつけます。

4 揚げ油を170℃に熱し、3を入れます。衣が固まってきたら上下を返し、計2分ほど揚げます。最初は沈んでいたものが浮き上がり、こんがりと色づいたら取り出します。

2-a

2-b

3

4

7 から揚げの甘辛ダレ和え

甘辛いタレが、から揚げの味わいをより深めます。

材料（1人分）

・基本の鶏のから揚げ（13頁）…1人分

A〔・しょう油…小サジ2杯
・みりん…小サジ2杯
・片栗粉…小サジ$\frac{1}{8}$杯
・水…大サジ1杯〕

作り方

1 耐熱容器にAを入れて混ぜます。ラップをかけずに電子レンジで1分ほど、煮立つまで加熱します。

2 から揚げと1をからめます。

2

8 甘酢あんかけから揚げ

ケチャップの酸味と甘味がアクセントのトロミあん。

材料（1人分）

・基本の鶏のから揚げ（13頁）…1人分

A〔・トマトケチャップ…大サジ$\frac{1}{2}$杯
・酢…大サジ$\frac{1}{2}$杯
・砂糖…大サジ$\frac{1}{2}$杯
・しょう油…小サジ1杯
・片栗粉…小サジ$\frac{1}{3}$杯
・水…大サジ3杯〕

作り方

1 ボールにAを入れて混ぜます。

2 フライパンを中火で熱し、1を入れて煮立たせます。

※上記の甘辛ダレと同様に、電子レンジで加熱しても結構です。

3 から揚げに2をかけます。

2

9 から揚げチキン南蛮風

生玉ねぎ入りのマヨネーズでさわやかに。

材料（1人分）
- 基本の鶏のから揚げ（13頁）…1人分
- 玉ねぎ（みじん切り）…大サジ1杯分
- マヨネーズ…大サジ1杯
- 市販のめんつゆ（3倍濃縮）…小サジ1杯

作り方
1. から揚げ全体にめんつゆをまぶします。
2. ボールに玉ねぎとマヨネーズを入れて混ぜ、5分おきます。
※タルタルソースの代わりの玉ねぎマヨネーズ。さっぱりしていて、ほかのフライにもよく合います。
3. 2を1にかけます。

10 南蛮漬け風から揚げ

玉ねぎにも甘酸っぱいタレがしみ込みます。

材料（1人分）
- 基本の鶏のから揚げ（13頁）…1人分
- 玉ねぎ…1/8コ
- A［・酢…大サジ1杯
- ・砂糖…大サジ1/2杯
- ・しょう油…小サジ1杯
- ・片栗粉…小サジ1/4杯
- ・水…大サジ1杯］

作り方
1. 玉ねぎはうす切りにします。耐熱ボールに入れ、Aを加えて混ぜます。ラップをふんわりかけ、電子レンジで1分強加熱します。
2. から揚げと1をさっと和えます。

1

11 豚肉のアスパラ巻き

少量の肉でも、具を巻くとボリュームが出ます。

材料（1人分）

- 豚うす切り肉…4枚
- アスパラ…2本
- サラダ油…小サジ1杯
- A〔•みりん…大サジ1/2杯
- •しょう油…大サジ1/2杯〕

作り方

1 アスパラは根元のかたい部分を切り落とし、太いものはタテ4等分に、細めならタテ半分に切り、豚肉の幅よりやや長めに切ります。豚肉1枚を広げ、アスパラ1/2本分を芯にして巻きます。これを4つ作ります。

2 フライパンを中火で熱してサラダ油をひき、1の巻き終わりを下にして並べます。巻き終わりが焼けてくっついたら、弱めの中火で転がしながら全体を焼きます。肉に火が通ったらAを加えて煮立て、肉にタレをからめます。

12 牛肉のゆで玉子巻き

牛肉と玉子が濃厚な組み合わせです。

材料（1人分）

- 牛うす切り肉…4枚
- 玉子…1コ
- サラダ油…小サジ1杯
- A〔•みりん…大サジ1/2杯
- •しょう油…大サジ1/2杯〕

作り方

1 ゆで玉子を作り、タテ4等分にします。牛肉1枚を広げ、切ったゆで玉子1コを芯にして巻きます。これを4つ作ります。

2 フライパンを中火で熱してサラダ油をひき、1の巻き終わりを下にして並べます。巻き終わりが焼けてくっついたら、弱めの中火で転がしながら全体を焼きます。肉に火が通ったら、Aを加えて煮立て、肉とからめて、食べやすい大きさに切ります。

13 豚肉の薬味巻き

青じそと柚子こしょうでさっぱりといただきます。

材料（1人分）
・豚うす切り肉…4枚
・青じそ…4枚
・長ねぎ…5㎝
・サラダ油…小サジ1杯
・柚子こしょう…適量

作り方
1 長ねぎはタテにうす切りにします。豚肉1枚を広げ、青じそ1枚をのせ、長ねぎ1/4量を芯にして巻きます。これを4つ作ります。
2 フライパンを中火で熱してサラダ油をうすくひき、1の巻き終わりを下にして並べます。巻き終わりが焼けてくっついたら、弱めの中火で転がしながら全体を焼きます。食べやすい大きさに切り分け、柚子こしょうを添えます。

14 鶏ささ身ロール

あっさりしたささ身に明太子マヨネーズを添えて。

材料（1人分）
・鶏ささ身…2枚
・細ねぎ…4本
A［・マヨネーズ…小サジ2杯
・辛子明太子…小サジ2杯
・コショー…少々］

作り方
1 ささ身はスジを取り、コップの底などのかたいものでたたいて5㎜位の厚さにのばします。細ねぎをささ身の幅位に切り、ささ身1枚につき細ねぎ2本分を巻きます。これを2つ作ります。
2 1の巻き終わりを下にして耐熱容器にのせ、ラップをかけて電子レンジで2分加熱し、そのまま冷まします。冷めたら食べやすく切り分け、Aを混ぜて添えます。

15 牛肉とねぎのすき焼き炒め

シンプルですが、ボリュームのあるおかずです。

材料（1人分）
- 牛うす切り肉…70g
- 長ねぎ…10cm
- サラダ油…小サジ1杯
- 薄力粉…小サジ1/6杯

A〔・しょう油…小サジ2杯
- 砂糖…小サジ1杯〕

作り方

1 牛肉は3cm幅に切り、長ねぎは斜めうす切りにします。

2 フライパンを中火で熱してサラダ油をひき、長ねぎをしんなりするまで炒めます。牛肉を加えて色が変わるまで炒め、薄力粉を振ります。Aを入れて全体にからめます。

16 牛肉とエリンギのみそ炒め

エリンギを加えて満足感のあるひと品に。

材料（1人分）
- 牛うす切り肉…70g
- エリンギ…1本
- 長ねぎ…10cm
- ごま油…小サジ2杯

A（混ぜ合わせておく）
〔・みそ…大サジ1杯
- みりん…大サジ1杯〕

作り方

1 牛肉はざく切りにし、エリンギは3cm長さのうす切りにします。長ねぎは斜めうす切りにします。

2 フライパンを中火で熱してごま油をひき、長ねぎとエリンギをしんなりするまで炒めます。牛肉を加えて炒め合わせ、火が通ったらAを加え、全体を混ぜます。

17 牛肉とピーマンの青椒肉絲《チンジャオロースー》風

オイスターソースを効かせた人気の中華おかず。

材料（1人分）
- 牛うす切り肉…60g
- ピーマン…1コ
- しょうが（せん切り）…少々
- サラダ油…小サジ1杯
- 薄力粉…小サジ1/4杯

A〔・しょう油…小サジ2杯
- コショー…少々
- オイスターソース…小サジ1/2杯〕

作り方

1 牛肉は短冊切りにします。ピーマンはタテ半分に切って種とヘタを取り、タテに1cm幅に切ります。

2 フライパンを中火で熱してサラダ油をひき、ピーマンを焦がさないように2分位炒めます。しょうが、牛肉を加えて炒め、火が通ったら薄力粉を振って混ぜます。Aを加えて強火で炒め合わせます。

18 牛肉とこんにゃくのきんぴら風

冷めてもおいしい、濃いめの甘辛い味つけです。

材料（1人分）
- 牛うす切り肉…30g
- こんにゃく…50g
- サラダ油…小サジ1杯

A〔・しょう油…小サジ2杯強
- 砂糖…大サジ1/2杯〕

作り方

1 鍋にこんにゃくとかぶる位の水を入れ、中火にかけ、煮立ったら取り出して水気をきります。牛肉とこんにゃくを短冊切りにします。

2 フライパンを中火で熱してサラダ油をひき、1を炒めます。肉に火が通ったらAを加えて、水気がなくなるまでやや強火で炒めます。

19 照り焼きチキン

冷めても身はジューシーな仕上がりです。

材料（1人分）
- 鶏もも肉（皮つき）…小1/2枚

A（混ぜ合わせておく）
［・みりん…小サジ2杯
・しょう油…大サジ1/2杯
・片栗粉…1つまみ
・水…大サジ1杯］

作り方

1　鶏肉は、身側の中央に厚みの半分位まで庖丁を入れ、切り目から左右に向かって、それぞれ切り離さないように庖丁を寝かせてそぎ切りにし、厚みを均一にします。

2　フライパンを中火で熱し、皮を下にして肉を入れます。こんがりと焼き色がついたら裏返し、竹串がスッと通るまで焼き、フライパンの余分な油を拭き取ります。Aを加え、煮立ててからめ、ひと口大に切ります。

20 鶏肉の柚子こしょう焼き

調味料は柚子こしょうだけのシンプルなおかず。

材料（1人分）
- 鶏もも肉（皮つき）…小1/2枚
- 柚子こしょう…小サジ1/4杯

作り方

1　鶏肉は、身側の中央に厚みの半分位まで庖丁を入れ、切り目から左右に向かって、それぞれ切り離さないように庖丁を寝かせてそぎ切りにし、厚みを均一にします。身側に柚子こしょうを塗ります。

2　アルミホイル（またはオーブンペーパー）をしいた焼皿に、1の皮を下にしてのせ、オーブントースターで12〜15分焼きます。食べやすい大きさに切り分けます。

21 鶏肉のコチュジャン焼き

甘くてピリ辛のコチュジャンとごま油で香ばしく。

材料（1人分）

- 鶏もも肉（皮つき）…小1/2枚
- コチュジャン…小サジ2杯
- ごま油…小サジ1/2杯
- 白炒りごま…少々

作り方

1 鶏肉は、身側の中央に厚みの半分位まで庖丁を入れ、切り目から左右に向かって、それぞれ切り離さないように庖丁を寝かせてそぎ切りにし、厚みを均一にします。身側にコチュジャンを塗り、ごま油をかけます。

2 アルミホイル（またはオーブンペーパー）をしいた焼皿に、1の皮を下にしてのせ、オーブントースターで8分位焼きます。食べやすい大きさに切り、白炒りごまを振ります。

22 タンドリー風チキン

一晩漬け込んだ、さわやかなカレー風味。

材料（1人分）

- 鶏もも肉（皮つき）…小1/2枚

A（混ぜ合わせておく）
- プレーンヨーグルト…大サジ1 1/2杯
- カレー粉…小サジ1/3杯
- トマトケチャップ…小サジ1/2杯
- しょう油…小サジ1/4杯
- にんにく、しょうが（すりおろし）…各少々
- 塩…小サジ1/3杯

作り方

鶏肉は、身側の中央に厚みの半分位まで庖丁を入れ、切り目から左右に向かって、それぞれ切り離さないように庖丁を寝かせてそぎ切りにし、厚みを均一にします。Aを表面にまぶしてポリ袋に入れ、冷蔵庫で一晩漬けます。皮を下にしてアルミホイルをしいた焼皿にのせ、オーブントースターで焼き色がつくまで12分位焼き、食べやすい大きさに切ります。

23 豚肉のしょうが焼き

冷めてもおいしい、しょうがの効いた定番おかず。

材料（1人分）

- 豚肩ロース肉（うす切り）…4枚
- しょうが（すりおろし）…小サジ$\frac{1}{2}$杯分
- サラダ油…適量
- 薄力粉…小サジ$\frac{1}{3}$杯

A（混ぜ合わせておく）
［・しょう油…大サジ$\frac{1}{2}$杯
・日本酒…大サジ1杯］

作り方

1 フライパンを中火で熱してサラダ油をひき、豚肉を広げて並べます。

2 1の上にしょうがをのせ、薄力粉を振り、裏返して両面を焼きます。

3 両面に焼き色がついたら、Aを加えてからめます。

※おべんとう箱に詰める際はキャベツのせん切りをしくとよいでしょう。

24 豚肉と椎茸の玉子炒め

肉と椎茸のうま味を含んだ玉子がおいしい。

材料（1人分）

- 豚うす切り肉…50g
- 椎茸…大1枚（25g）
- 玉子…1コ
- サラダ油…小サジ2杯

A［・鶏ガラスープの素（顆粒）…2つまみ
・塩、コショー…各少々］

作り方

1 椎茸は石突きを取ってうす切りに、豚肉は短冊切りにします。玉子はボールに割りほぐします。

2 フライパンを中火で熱してサラダ油をひき、椎茸と豚肉を入れて2分ほど炒めます。Aを入れて炒め合わせ、玉子を加えます。ゆっくりと大きくかき混ぜ、玉子に火が通ったら出来上がりです。

25 炒り豚

ケチャップとしょう油の味がご飯によく合います。

材料（1人分）
- 豚うす切り肉…80g
- 玉ねぎ…1/4コ
- サラダ油…小サジ2杯

A〔・トマトケチャップ…小サジ2杯
- しょう油…小サジ1/2杯
- 水…大サジ1杯〕

作り方

1 玉ねぎは5mm幅のクシ形に切ってほぐします。豚肉は2cm幅に切ります。

2 フライパンを中火で熱してサラダ油をひき、玉ねぎが充分しんなりするまで焦がさないように炒めます。

3 肉を加えて炒め合わせ、肉に火が通ったらAを加えて、水気がなくなるまで炒めます。

26 豚肉となすのごまみそ炒め

油を吸ったなすと甘いみそが香ばしい炒めもの。

材料（1人分）
- 豚うす切り肉…80g
- なす…1本
- ごま油…小サジ2杯

A（混ぜ合わせておく）
〔・みそ…大サジ1杯
- みりん…大サジ1杯
- 白すりごま…大サジ1/2杯〕

作り方

1 なすはヘタを取り、タテ半分に切って3mm厚さの斜めうす切りに、豚肉は2cm幅に切ります。

2 フライパンを中火で熱してごま油をひき、なすを入れ、しんなりするまで3分ほどじっくり炒めます。

3 豚肉を加えて炒め合わせ、肉に火が通ったら、Aを加えて混ぜます。

27 ブリの照り焼き

何度もタレを塗るのがポイントです。

材料（1人分）
・ブリ…1切れ
・しょう油…小サジ1杯
・みりん…小サジ1杯

作り方
1 ブリをボールに入れ、しょう油、みりんをかけてなじませ、5〜10分おきます。
2 1をボールから取り出し、魚焼きグリルで焼きます。ボールに残ったタレを、ときどき片面に塗りながら、焼き色がつくまで焼きます。
※タレを塗っては焼く、を8回位くり返すと、しっかり味がつきます。

28 鮭のマヨネーズみそ焼き

焼き色をつけたマヨネーズみそが濃厚な味わい。

材料（1人分）
・鮭（ふり塩）…1切れ
・マヨネーズ…小サジ2杯
・みそ…小サジ1杯

作り方
1 鮭は食べやすい大きさに切ります。マヨネーズとみそを混ぜて鮭の片面に塗ります。
2 アルミホイル（またはオーブンペーパー）をしいた焼皿に1をのせ、オーブントースターで焼き色がつくまで7分以上焼きます。
※カップ焼き（40〜41頁）などと一緒に焼くと、効率よく2品できます。

29 カジキの酒粕みそ漬け焼き

一晩漬けておき、翌朝焼くだけで完成です。

材料（1人分）
- メカジキ…1切れ
- みそ…小サジ2杯
- 酒粕、日本酒…各適量

作り方

1　「酒粕酒《さけかすさけ》」を作ります。ボールに酒粕を入れ、日本酒を少しずつ加えては練り混ぜ、みそ位の柔らかさにします。

※酒粕酒は、保存容器に入れて冷蔵保存すれば、1年以上持ちます。

2　ポリ袋に酒粕酒小サジ2杯とみそを入れ、袋の上から揉んで混ぜます。メカジキを加えて、さらに袋の上から揉んでみそ床をまぶし、冷蔵庫で一晩漬けます。

3　アルミホイル（またはオーブンペーパー）をしいた焼皿に2をのせ、オーブントースターで焼き色がつくまで7分以上焼き、食べやすい大きさに切ります。

30 鮭の酒粕しょう油漬け焼き

酒粕のうま味が加わった、深みのある味わい。

材料（1人分）
- 生鮭…1切れ
- 酒粕酒（上記の「カジキの酒粕みそ漬け焼き」参照）…小サジ2杯
- しょう油…小サジ1杯

作り方

1　ポリ袋に酒粕酒としょう油を入れて混ぜ、鮭を加えて身を崩さないように注意してまぶし、冷蔵庫で一晩漬けます。

2　アルミホイル（またはオーブンペーパー）をしいた焼皿に1をのせ、オーブントースターで皮に焦げ目がつくまで10分位焼きます。

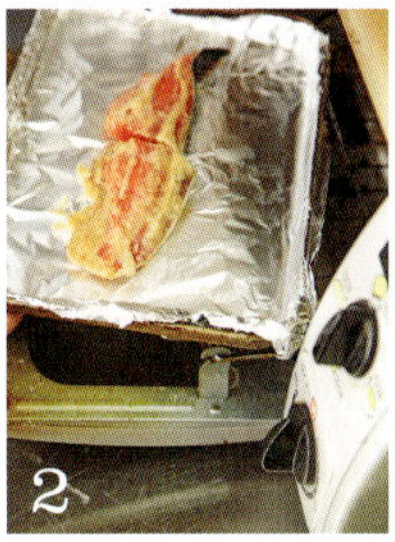

31 エビチリ風玉子炒め

エビの甘味を引き立てるピリ辛ソースが決め手。

材料（1人分）

- エビ…3尾
- 玉子…1コ
- サラダ油…小サジ1杯
- 塩、コショー…各少々

A（混ぜ合わせておく）

- 豆板醤…小サジ$\frac{1}{3}$杯
- トマトケチャップ…大サジ$\frac{1}{2}$杯
- 砂糖…1つまみ
- 片栗粉…2つまみ
- 水…大サジ1杯強

作り方

1 エビは背ワタを取ってカラをむき、2cmに切って塩・コショーを振り、玉子はボールに割りほぐします。

2 フライパンを中火で熱してサラダ油をひき、エビを入れて色が変わるまで炒めます。玉子を加え、半熟になるまで炒め、片側に寄せます。空けたところを下にしてフライパンを傾け、Aを入れて煮立ててから、全体をざっくり混ぜます。

32 エビと厚揚げの中華風炒め

厚揚げがエビのうま味をよく含みます。

材料（1人分）

- エビ…3尾
- 厚揚げ（絹）…1枚
- 長ねぎ…10cm
- ごま油…小サジ1杯
- しょうが（せん切り）…うす切り2枚分
- 薄力粉…小サジ$\frac{1}{4}$杯
- コショー…少々

A

- しょう油…小サジ1杯
- オイスターソース…小サジ1杯

作り方

1 エビは背ワタを取ってカラをむき、食べやすい大きさに切ります。厚揚げは小さめのひと口大に切ります。長ねぎは斜めうす切りにします。

2 フライパンを中火で熱してごま油をひき、しょうがを加え、香りが立ったら1を加え、1分30秒位炒めます。長ねぎがしんなりしたら、薄力粉、コショーを振って炒めます。Aを加えて全体を混ぜます。

33 ウインナーチャンプルー

手早くできる、ボリュームのある副菜です。

材料（1人分）
・ウインナー…2本
・長ねぎ（白い部分）…10cm
・玉子…1コ
・サラダ油…小サジ1杯
A［・鶏ガラスープの素（顆粒）…1つまみ
・塩、コショー…各少々］

作り方
1 ウインナー、長ねぎは斜めうす切りにします。玉子はボールに入れて溶きほぐします。
2 フライパンを中火で熱してサラダ油をひき、ウインナーと長ねぎを加え、長ねぎがしんなりするまで炒めます。Aを入れて混ぜ、玉子を加えて炒め合わせます。

34 ウインナーの香り炒め

ウインナー炒めにハーブを振って香り豊かに。

材料（1人分）
・ウインナー…3本
・好みのドライハーブ（バジル、オレガノ、タイムなど）…1つまみ
・サラダ油、塩、コショー…各少々

作り方
ウインナーは皮に庖丁で切れ目を入れます。フライパンを中火で熱してサラダ油をひき、全体に焼き色がつくまでウインナーをじっくり焼き、塩、コショー、ハーブをまぶします。

35 ウインナーとしめじのケチャップ炒め

ケチャップとしめじのうま味がマッチします。

材料（1人分）
・ウインナー（斜めうす切り）…1本分　・しめじ…1/4パック　・サラダ油　A［・トマトケチャップ…小サジ2杯　・塩、コショー…各少々　・しょう油…小サジ1/4杯］

作り方
フライパンを中火で熱してサラダ油をうすくひき、ウインナー、ほぐしたしめじを入れ、しんなりするまで炒め、Aを加えて混ぜ合わせます。

36 甘い玉子焼き

ふっくらとおいしい、シンプルな玉子焼きです。

材料（1～2人分）
•玉子…2コ　•砂糖…小サジ2杯
•塩…1つまみ　•サラダ油…少々

作り方
1 玉子はボールに割りほぐして、砂糖、塩を加えて混ぜます。
2 玉子焼き器を中火で熱してサラダ油をうすくひき、玉子液の1/3量を流し入れて広げます。表面が半熟になったら奥から手前に巻きます。
3 2を奥に寄せ、残りの玉子液の1/2量を流し入れ（a）、先に焼いた玉子の下にも玉子液を流します（b）。表面が半熟になったら、先に焼いた玉子を芯にして、手前に巻きます。
4 残りの玉子液も同様に焼いて取り出し、巻きす（またはラップ）で巻いて、形を整えます。粗熱が取れてから切り分けます。

37 ダシ巻き玉子

ダシのうま味を含んだ、ふわふわの玉子焼き。

材料（1～2人分）
•玉子…2コ　•サラダ油…少々
A（よく混ぜてダシを溶かす）
［•かつおダシ（顆粒）…1つまみ
•水…大サジ2杯
•うす口しょう油…小サジ1/4杯］

作り方
玉子は割りほぐし、Aを加えて混ぜます。柔らかいので崩れないように注意しながら、上記の「甘い玉子焼き」と同様に作ります。

38 アサリの佃煮入り玉子焼き

市販の佃煮は手軽なので、おべんとうにぴったり。

材料（1～2人分）
•玉子…2コ
•アサリの佃煮…少々
•塩…1つまみ
•サラダ油…少々

作り方
上記の「甘い玉子焼き」と同様に作りますが、手順2の半熟の状態のときに、アサリの佃煮をのせて巻きます。

39 海苔としらすの玉子焼き

しらすを加えると風味が増します。

材料（1～2人分）
・玉子…2コ　・海苔…$\frac{1}{4}$枚
・しらす…大サジ2杯
・塩…1つまみ
・サラダ油…少々

作り方
28頁の「甘い玉子焼き」と同様に作りますが、手順2の半熟の状態のときに、しらすをのせ、その上に海苔をのせて巻きます。

40 小松菜とかつおぶしの玉子焼き

ゆでた小松菜を巻いたヘルシーな玉子焼き。

材料（1～2人分）
・玉子…2コ
・小松菜（塩ゆで）…$\frac{1}{2}$株分
・かつおぶし…2つまみ
・塩…1つまみ　・サラダ油…少々

作り方
小松菜は水気をしぼって粗みじん切りにします。28頁の「甘い玉子焼き」と同様に作りますが、手順2の半熟のときに全体にかつおぶしを振り、小松菜を芯にして巻きます。

41 ベーコンとチーズの玉子焼き

ベーコンとチーズでボリュームが出ます。

材料（1～2人分）
・玉子…2コ　・ベーコン（細い短冊切り）…$\frac{1}{2}$枚分　・スライスチーズ（小さめにちぎる）…$\frac{1}{2}$枚分
・塩、コショー、サラダ油…各少々

作り方
ベーコンを炒めて取り出します。28頁の「甘い玉子焼き」と同様に作りますが、手順2の半熟のときにベーコンとチーズを全体にのせて巻きます。

42 明太子と細ねぎの玉子焼き

ぴりっと辛い明太子を入れると、ご飯に合います。

材料（1～2人分）
・玉子…2コ
・辛子明太子…大サジ1杯
・細ねぎ（小口切り）…1本分
・塩…1つまみ　・サラダ油…少々

作り方
明太子はうす皮を取ります。28頁の「甘い玉子焼き」と同様に作りますが、手順2の半熟のときに細ねぎをちらし、明太子を横一文字にのせて巻きます。

43 もやしの玉子炒め

コクがありながらも、さっぱりとした炒めもの。

材料（1人分）
- 玉子…1コ
- もやし…1/6袋
- サラダ油…小サジ2杯
- 塩

A［・鶏ガラスープの素（顆粒）…2つまみ
- 塩、コショー…各少々］

作り方

1 玉子を割りほぐし、塩少々を加えて混ぜます。

2 フライパンを中火で熱してサラダ油をひき、もやしを入れ、焦がさないように、しんなりするまで2分位炒めます。Aを加えて混ぜ、フライパンの片側に寄せます。空いたところに玉子を流し入れ、半熟になったら全体を混ぜ合わせます。

44 ゆで玉子のしょう油和え

かつおぶしを加えてうま味と風味を出します。

材料（1人分）
- 玉子…1コ　・かつおぶし…1g
- しょう油…小サジ1杯
- みりん…小サジ1杯

作り方

玉子のカラの底側に画びょうなどで穴をあけて空気を抜き、ゆでる途中で割れないようにします。熱湯に入れて10分ゆでで、冷水に取って冷まし、カラをむきます。4等分に切り、そのほかの材料と和えます。

45 ゆで玉子のねぎみそ和え

ゆで玉子とみそが濃厚なおいしさです。

材料（1人分）
- 玉子…1コ
- 細ねぎ（小口切り）…1本分
- かつおぶし…2つまみ
- みそ…小サジ1杯

作り方

玉子のカラの底側に画びょうなどで穴をあけて空気を抜きます。熱湯に入れて10分ゆでで、冷水に取って冷まし、カラをむきます。粗めに切って、そのほかの材料と和えます。

コラム

玉子1コで作る、かんたん玉子巻き

うす焼き玉子にお好みの具をのせて、くるくると巻くだけでできる、1人分の玉子焼きです。玉子が半熟のうちに具をのせると、形よくまとまります。

作り方

1 ボールに玉子1コを割りほぐし、塩1つまみを加えて混ぜます。

2 フライパンを中火で熱してサラダ油少々をひき、玉子を流し入れて広げます。

3 表面が半熟のうちに具をのせ（a）、焼けた玉子の左右両側から中央に向けてたたんで（b）、手前から巻きます（c、d）。

4 3をラップで巻いて形を整え、粗熱が取れたらおべんとう箱の大きさに合わせて切ります。

46 細ねぎと紅しょうがの玉子巻き

小口切りにした細ねぎ1本分と、紅しょうが少々を巻きます。彩りと食感が加わります。

47 ウインナーの玉子巻き

ウインナー1本は先に焼いておきます。芯になるので、スムーズに巻くことができます。

48 スライスチーズとハムの玉子巻き

スライスチーズ1枚と、ハム1枚を巻きます。ボリュームのあるひと品です。

49 きんぴらの玉子巻き

32頁の「ごぼうとにんじんのきんぴら」適量を巻いて。前日のおかずを加えても変化がつきます。

50 ごぼうとにんじんのきんぴら

濃いめの味つけでおべんとうにぴったり。

材料（1〜2人分）
・ごぼう…50g ・にんじん…30g
・ごま油…小サジ1杯
A［・しょう油…大サジ1杯弱
・砂糖…大サジ1/2杯 ・水…50㎖］

作り方
ごぼうとにんじんはせん切りにします。中火にかけたフライパンにごま油をひき、ごぼうとにんじんをしんなりするまで炒め、Aを入れて水気がなくなるまで炒めます。

51 エリンギのきんぴら

エリンギの歯ごたえが新鮮なきんぴらです。

材料（1人分）
・エリンギ…小2本
・ごま油…小サジ1杯
A［・しょう油…小サジ2杯
・砂糖…小サジ1杯］

作り方
エリンギは5㎝長さのうす切りにします。フライパンを中火で熱してごま油をひき、エリンギをしんなりするまで炒めます。Aを加え、水気がなくなるまでよく炒めます。

52 れんこんのきんぴら

シャキッとしたれんこんに、七味で変化をつけても。

材料（1人分）
・れんこん…50g ・ごま油…小サジ1杯 A［・砂糖…小サジ1/2杯
・しょう油…小サジ1杯 ・水…大サジ1杯］ ・七味唐辛子…適宜

作り方
れんこんは皮をむき、5㎜厚さのいちょう切りにします。中火にかけたフライパンにごま油をひき、れんこんの表面が透き通るまで炒め、Aを加えて水気がなくなるまで炒めます。

53 ミニトマトのバジル炒め

色あざやかなイタリアン感覚の炒めもの。

材料（1人分）
・ミニトマト…小8コ
・バジル…1枚
・オリーブ油…小サジ1杯
・塩、コショー…各少々

作り方
ミニトマトはヘタを取ります。中火にかけたフライパンにオリーブ油、トマトを入れ、皮にしわが寄る位まで炒め、塩・コショーをし、バジルをちぎって加えます。

54 アスパラのラー油炒め

ピリ辛マヨネーズで、おべんとうのアクセントに。

材料（1人分）
•アスパラ…細め2本 •ごま油…小サジ1杯 •水…大サジ1杯 A［•ラー油…少々 •マヨネーズ…小サジ1杯］

作り方
アスパラは根元を切り落とし、3cm長さに切ります。中火のフライパンにごま油をひいてアスパラを炒め、水を入れてフタをします。2分位蒸し焼きにして、Aを加えて混ぜます。

55 パプリカのしょう油炒め

パプリカは歯ごたえがよく、彩りを添えます。

材料（1人分）
•パプリカ…1/4コ
•ごま油…小サジ1杯
•しょう油…小サジ1/2杯

作り方
パプリカは長さを半分にし、タテに1cm幅に切ります。フライパンを中火で熱してごま油をひき、パプリカをしんなりするまで炒めます。しょう油を加え、水気がなくなるまで炒めます。

56 スナップエンドウのじゃこ炒め

じゃことしょう油がからむ、香ばしいひと品。

材料（1人分）
•スナップエンドウ…6本 •オリーブ油…小サジ1/2杯 A［•ちりめんじゃこ…大サジ1杯 •しょう油…1たらし •水…大サジ2杯］

作り方
1 スナップエンドウはスジを取り、2cm長さに切ります。
2 中火のフライパンにオリーブ油をひいて1を炒め、Aを加えてフタをし、蒸し焼きで水分をとばします。

57 小松菜のしょうが炒め

オリーブ油と粉チーズを加えてコクを出します。

材料（1人分）
•小松菜…2株（60g） •しょうが（せん切り）…少々 •オリーブ油…小サジ2杯 A［•しょう油…小サジ1/2杯 •粉チーズ…少々］

作り方
小松菜は根元を切り落とし、2〜3cm長さに切ります。中火にかけたフライパンにオリーブ油を入れて、しょうが、小松菜をしんなりするまで炒め、Aを加えてざっくり炒めます。

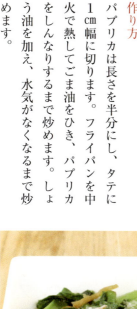

58 五目ナムル

彩り豊かな野菜にごま油の風味が効いています。

材料（1人分）
- もやし…1/4袋
- 小松菜…4枚
- 椎茸…1枚
- にんじん…20g

A［•鶏ガラスープの素（顆粒）…1つまみ
- ごま油…小サジ1/2杯
- 塩、コショー…各少々
- にんにく（すりおろし）…少々］

作り方

1 椎茸は石突きを取ってうす切りにします。もやしは気になるようならひげ根を取ります。小松菜は3cm位に切り、にんじんは3cm長さの細切りにします。

2 耐熱容器に1を入れ、ラップをかけて電子レンジで2分加熱します。容器に出た余分な水分を捨て、Aを加えて混ぜます。

59 スナップエンドウのごま和え

マヨネーズのコクとごまの香りが楽しめます。

材料（1人分）
- スナップエンドウ…6本　•塩

A［•白すりごま…小サジ2杯
- 砂糖…小サジ1杯
- しょう油…小サジ2/3杯
- マヨネーズ…小サジ1杯］

作り方

スナップエンドウはスジを取り、塩ゆでして冷水に取って、食べやすく切ります。ボールにAを混ぜ合わせて、スナップエンドウと和えます。

60 小松菜の辛子和え

肉や魚のおかずに合う、定番の和えもの。

材料（1人分）
- 小松菜…2株（60g）
- 市販のめんつゆ（3倍濃縮）…小サジ2杯
- 練り辛子…小サジ1/3杯
- 塩

作り方

小松菜は塩ゆでにし、水気をしぼってざく切りにします。ボールにめんつゆを入れ、練り辛子を加えて混ぜ、小松菜と和えます。

61 キャベツのポン酢和え

青じそとポン酢で和えた、さっぱりしたお口直し。

材料（1人分）
- キャベツ…1枚
- 青じそ…1枚
- ポン酢…適量
- 塩

作り方
キャベツは3cm角に切って塩ゆでし、さっと冷水をかけて冷まし、水気をしぼります。青じそを粗く刻んでキャベツと混ぜ、ポン酢で和えます。

62 しめじのかつおぶし和え

和の風味にオリーブ油の香りがアクセント。

材料（1人分）
- しめじ…1/2パック（50g）

A［・かつおぶし…2つまみ
・しょう油…小サジ1/2杯
・オリーブ油…小サジ1杯］

作り方
しめじは石突きを取ってほぐします。耐熱容器に入れ、ラップをかけて電子レンジで1分30秒加熱します。粗熱が取れたら、余分な水気を捨て、Aと和えます。

63 ブロッコリーのみそマヨネーズ和え

こっくりしたみそマヨネーズで満足感アップ。

材料（1人分）
- ブロッコリー…小房2コ
- 塩

A［・マヨネーズ…小サジ2杯
・みそ…小サジ1杯］

作り方
ブロッコリーは塩ゆでにし、小さめに切り分けます。ボールにAを入れて混ぜ、ブロッコリーと和えます。

64 カリフラワーのカレーマヨ和え

しょう油が隠し味の、カレー風味の和え衣です。

材料（1人分）
- カリフラワー…小房3コ
- 塩

A［・マヨネーズ…大サジ1杯
・カレー粉…小サジ1/6杯
・しょう油…1たらし］

作り方
カリフラワーはおべんとう箱に詰めやすい大きさに切って塩ゆでします。ボールにAを入れて混ぜ、カリフラワーと和えます。

65 細ねぎ入りポテトサラダ

しらすと細ねぎが入った和風のポテトサラダ。

材料（1～2人分）
・じゃがいも…大1コ（150g）
・細ねぎ（小口切り）…2本分
・しらす…大サジ1杯
・水…大サジ1～2杯
A［・マヨネーズ…大サジ1杯
・塩、コショー…各少々］

作り方
1　じゃがいもを洗い、濡れたままラップに包み、電子レンジで4分加熱します。熱いうちに手で皮をむいて、ボールに入れてつぶします。
2　ボールにAと細ねぎ、しらすを加えて混ぜ、かたさを見て水を加えてのばします。
※冷めるとかたくなるので、柔らかめに作ります。

66 長いもとハムのポテトサラダ

あっさりした長いもにオリーブ油の風味をプラス。

材料（1～2人分）
・長いも…5㎝
A［・ハム（5㎜角に切る）…1枚分
・マヨネーズ…小サジ2杯
・塩、コショー…各少々
・オリーブ油…1たらし］

作り方
長いもは皮をむいてひと口大に切り、耐熱容器に入れてラップをかけ、電子レンジで4分加熱します。熱いうちにつぶし、Aと混ぜ合わせます。

67 ワカメとセロリのポン酢サラダ

セロリの歯ごたえがおべんとうのアクセントに。

材料（1人分）
・干しワカメ…1g
・セロリ…8㎝　・塩…少々
A［・ポン酢…小サジ1杯
・マヨネーズ…小サジ1杯］

作り方
ワカメは水でもどし、水気をきります。セロリは斜めうす切りにして塩を振り、しんなりしたら水気をしぼります。ボールにワカメとセロリを入れ、Aと和えます。

68 ブロッコリーとチーズのサラダ

チーズにマヨネーズを加えてクリーミーに。

材料（1人分）
- ブロッコリー…小房3コ
- 塩

A［・カッテージチーズ…大サジ2杯
・マヨネーズ…小サジ2杯
・塩、コショー…各少々］

作り方
ブロッコリーは小さめのひと口大に切り分けて塩ゆでにし、Aと混ぜ合わせます。
※4等分にしたミニトマトを混ぜると、さらに彩りがよくなります。

69 キャベツとコーンのコールスロー

シャキッとしたキャベツとコーンがよく合います。

材料（1人分）
- キャベツ…1/2枚
- ホールコーン（缶詰）…大サジ2杯
- マヨネーズ…小サジ1杯
- オリーブ油…小サジ1/2杯
- 塩、コショー…各適量

作り方
キャベツは5㎜幅、5㎝長さに切ります。塩少々を振って軽く揉み、しんなりしたら水気をしぼります。そのほかの材料を加えて混ぜます。

70 にんじんサラダ

レーズンの甘味が効いたさわやかなサラダです。

材料（1人分）
- にんじん（短冊切り）…30g
- レーズン…4粒

A［・オリーブ油…小サジ1杯
・酢…小サジ1/2杯
・塩、コショー…各少々］

作り方
耐熱容器ににんじんを入れ、ラップをして電子レンジで1分加熱します。粗く刻んだレーズンとAを加え、和えます。

71 トマトサラダ

ごまの風味がトマトの酸味をまろやかにします。

材料（1人分）
- トマト…1/2コ
- かいわれ大根…少々

A［・マヨネーズ…小サジ2杯
・白すりごま…小サジ1杯
・ごま油…小サジ1/2杯
・しょう油…1たらし］

作り方
トマトは種を取って2㎝角に、かいわれ大根はざく切りにし、よく混ぜたAと和えます。

72 キャベツのゆかり揉み

濃い味のおかずと合う、さっぱりとした味わい。

材料（1人分）
- キャベツの葉…小1枚
- A［・ゆかり…小サジ1/2杯
- ・塩…小サジ1/4杯］

作り方
キャベツは5㎜幅に切り、ボールに入れます。Aを加えて手で強く揉み、しんなりしたら水気をしぼります。

73 かぶの塩昆布揉み

塩昆布のうま味がかぶにしみ込みます。

材料（1人分）
- かぶ…小1コ
- かぶの葉…1枚分
- 塩昆布…3g

作り方
かぶは茎を切り落としてよく洗い、皮ごとうす切りにします。かぶの葉は、茎から小口切りにします。ボールに材料を入れ、しんなりするまで揉んで、水気をしぼります。

74 塩揉み大根のとろろ昆布和え

塩で揉むだけで、歯ごたえのよいひと品に。

材料（1人分）
- 大根…50g
- とろろ昆布…2g
- 塩…小サジ1/4杯

作り方
大根は皮をむいて、うすいいちょう切りにし、塩を振って軽く揉みます。しんなりしたら水気をしぼり、とろろ昆布と和えます。
※しょう油少々を持って行き、振ってからいただいても結構です。

75 なすの梅干し揉み

梅干しと青じそがさっぱりとおいしい浅漬け。

材料（1人分）
- なす…1/2本
- 梅肉（粗みじん切り）
  …梅干し大1/2コ分
- 青じそ…1枚

作り方
なすはヘタを取り、タテ半分に切り、斜めうす切りにします。青じそは5㎜幅に切ります。ボールに、なすと梅肉を入れてしんなりするまで揉み、水気をしぼって青じそを混ぜます。

76 チーズのサニーレタス巻き

青じそとチーズの風味が楽しめます。

材料（1人分）
- プロセスチーズ（ブロックタイプ）…小1切れ
- サニーレタス…$\frac{1}{2}$枚
- 青じそ…1枚

作り方
プロセスチーズはタテ長に切ります。サニーレタスに青じそとチーズをのせて巻きます。食べやすく切り、つま楊枝で留めます。

77 ほうれん草とコーンのレンジ炒め

定番のバターソテーも電子レンジで手早く完成。

材料（1人分）
- ほうれん草（3cm長さに切る）…40g
- ホールコーン（缶詰）…大サジ3杯
- 有塩バター…小サジ1杯
- A［・しょう油…小サジ$\frac{1}{2}$杯・コショー…少々］

作り方
耐熱容器に、ほうれん草、コーン、バターを入れてラップをかけ、電子レンジで1分加熱します。容器に出た水分を捨て、Aを加えて混ぜます。

78 にんじんとタラコのレンジ炒め

味つけはタラコだけ。彩りにもなるひと品です。

材料（1人分）
- にんじん…5cm
- タラコ…大サジ$1\frac{1}{2}$杯
- サラダ油…小サジ$\frac{1}{2}$杯

作り方
にんじんは皮をむいてせん切りにし、耐熱容器に入れます。タラコ、サラダ油を加えて混ぜ、ラップをかけて1分位加熱します。

79 かぼちゃのレンジ煮

電子レンジを使えば少量の煮ものも作りやすい。

材料（1人分）
- かぼちゃ…70g

A（混ぜ合わせておく）
［・砂糖…小サジ1杯
・しょう油…大サジ$\frac{1}{2}$杯
・水…大サジ2杯］

作り方
かぼちゃは2cm角に切り、耐熱容器に入れ、Aを加えてラップをかけます。電子レンジで2分加熱し、そのままおいて冷まします。

80 コーンとアスパラのカップ焼き

仕切りにもなるかんたんおかずです。

材料（1人分）
- ホールコーン（缶詰）…大サジ3杯
- アスパラ…1本
- プロセスチーズ…1切れ
- 塩、コショー…各少々

作り方

1 アスパラは根元のかたい部分を切り落として2cm位に切り、プロセスチーズは1cm角に切ります。

2 小さなボールに1とコーンを入れ、塩・コショーを振って混ぜ、アルミカップに入れます。オーブントースターで7分位焼きます。

※アルミカップは直径6cmのものを使いました。具を入れて広がり過ぎる場合は、シリコンカップの上にアルミカップを2枚重ねにしてから詰めるとよいでしょう。

81 ごま和えいんげんのカップ焼き

さやいんげんのごま和えは、ふだんのおかずにも。

材料（1人分）
- さやいんげん（塩ゆで）…6本
- スライスチーズ（またはピザ用チーズ）…少々

A〔・白すりごま…小サジ1杯　・砂糖…小サジ$\frac{1}{2}$杯　・しょう油…小サジ$\frac{1}{3}$杯〕

作り方

さやいんげんは2cmに切り、Aと和えます。アルミカップに入れてチーズをのせ、オーブントースターで焼き色がつくまで焼きます。

82 玉ねぎと厚揚げのカップ焼き

厚揚げとチーズの組み合わせが新鮮なおいしさ。

材料（1人分）
- 玉ねぎ（うす切り）…25g
- 厚揚げ（絹）…30g
- みそ…小サジ2杯
- スライスチーズ…$\frac{1}{2}$枚

作り方

厚揚げは2cm角に切ります。ボールに玉ねぎ、厚揚げ、みそを入れて和え、アルミカップに入れます。チーズを適当な大きさに切ってのせ、オーブントースターで7分焼きます。

83 アスパラとトマトのカップ焼き

香ばしいマヨネーズとトマトが好相性。

材料（1人分）
- アスパラ…細め2本
- ミニトマト…2コ
- マヨネーズ…適量

作り方
アスパラは根元のかたい部分を切り落とし、2cmに切ります。ミニトマトはヘタを取って半分に切ります。アルミカップに入れ、マヨネーズをかけ、オーブントースターで焼き色がつくまで焼きます。

84 小松菜のカップ焼き

ゆでた小松菜を、しっかりした味のひと品に。

材料（1人分）
- 小松菜（塩ゆで）…2株分
- 市販のめんつゆ（3倍濃縮）…小サジ1杯
- マヨネーズ…適量

作り方
小松菜は水気をしぼって2cm位のざく切りにし、めんつゆをまぶします。アルミカップに入れ、マヨネーズをかけ、オーブントースターで焼き色がつくまで焼きます。

85 竹輪と明太子のカップ焼き

明太子の食感とピリッとした辛味がアクセント。

材料（1人分）
- 竹輪…1本　・辛子明太子…小サジ1杯　・マヨネーズ…小サジ2杯
- 細ねぎ（小口切り）…適宜

作り方
竹輪はタテ半分に切って、カップに入れやすい長さに切ります。ボールに竹輪、明太子、マヨネーズを入れて混ぜ、アルミカップに入れます。オーブントースターで焼き色がつくまで焼き、細ねぎをちらします。

86 エリンギとパプリカのカップ焼き

パプリカの歯ごたえとほのかな甘味がおいしい。

材料（1人分）
- エリンギ…小1本
- パプリカ…1/4コ
- 有塩バター…小サジ1杯
- 塩、コショー…各少々

作り方
エリンギとパプリカは1cm角に切ります。アルミカップに入れ、塩・コショーし、バターをのせて、オーブントースターで8分位焼きます。

知っておきたいおべんとう作りのポイント1

今回レシピを教えてくださった3人の料理家の方にお伺いしました。

◎おべんとうの基本

献立の決め方

まず始めに、肉や魚などのメインのおかずを決め、次に、味つけが重ならないような野菜の付け合わせを考えます。そして、余力があれば玉子やウインナーなどのサブおかずを加えます。もちろん、メインと玉子の日があっても、野菜の付け合わせと玉子の日があっても大丈夫。おべんとうは1日3食のうちの1食ですから、それだけで栄養バランスを考えるのではなく、前日に肉が多かったら、翌日のおべんとうは野菜を多めにするなど、3日間で調整するぐらいでいいのです。（瀬尾幸子さん）

スピードアップのコツ

電子レンジで野菜を下ゆでしたり、オーブントースターで肉や魚と一緒に野菜を焼いたりと、コンロとは別の熱源をじょうずに利用すると、数品を同時に加熱でき、時間が短縮できます。タイマーつきなので、ほかの作業をしていても出来上がりを教えてくれます。（瀬尾幸子さん）

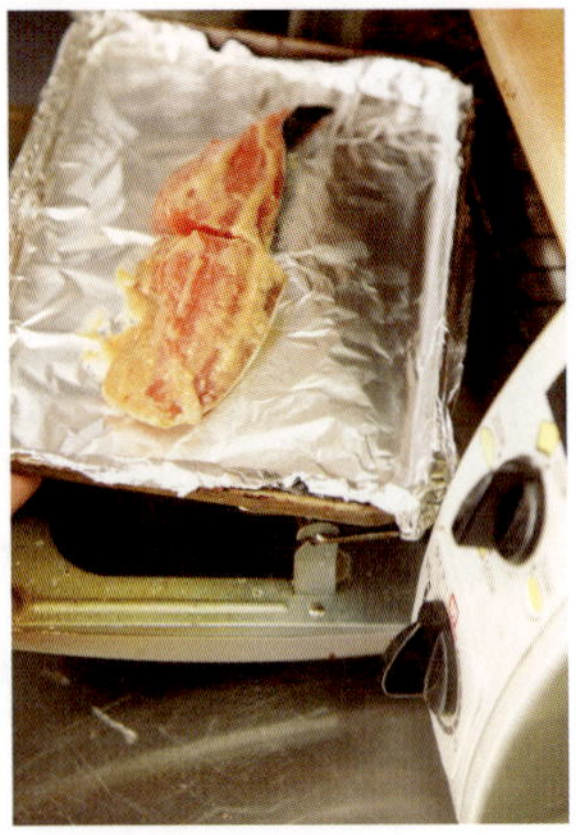

傷まない工夫

おべんとうは、作ったものを持ち運んで4〜5時間後に食べるので、衛生面には特に気をつけましょう。まな板、菜箸、フキンが清潔であること、調理の前に手をきちんと洗うのはもちろんのこと、一番のポイントは、ご飯やおかずをしっかり冷ましてからフタをすることです。冷めないうちにフタをするとおべんとう箱の中に熱と水分がこもり、傷みやすくなります。ですから、ご飯や玉子焼きなど、冷めにくいものから作り始めます。保冷剤の上に金属製のバットを置き、その上におかずを広げると早く冷めます。そのほかにも、肉や玉子はしっかり火を通すことも大切です。生野菜のサラダなどはできるだけ避けます。（脇 雅世さん）

汁気を防ぐ工夫

おべんとう箱の中で汁が広がらないよう、汁気の多いおかずはキッチンペーパーなどで軽く汁気を拭き取ってから詰めます。とろろ昆布、かつおぶし、ワカメなど、汁気を吸う乾物をしいてから詰めてもよいでしょう。また、煮汁があるものは、片栗粉を加えてトロミをつけると汁が広がりません。（瀬尾幸子さん）

きゅうりの種は水分が多いので取り除きます。和えものにはすりごまを加えると汁気を抑えられます。炒めものには生パン粉を少量加えると汁気を吸いますし、味もからみやすくなります。（松田美智子さん）

おべんとうの詰め方

基本的な詰め方として、おべんとう箱の半分にご飯を、残りの半分にメイン、さらに残りの半分を2つに分けてサブおかずや付け合わせを入れるときれいに詰められます。①形が決まっているもの、②形が自由に変えられるもの、③隙間を埋めるもの、の順で詰めましょう。仕切りにはレタスや大葉、カップなどを使います。長い菜箸よりも、ふだんの食事で使っている箸のほうが小回りが利いて、詰めるのに便利です。右利きの人には、ご飯を左に詰めると食べやすくなります。（脇 雅世さん）

彩りを加える

色のめりはりがついたおべんとうは、開けたときにうれしいものです。にんじん、パプリカなど、暖色系のおかずは気分も明るくなります。ごま塩、海苔など、黒を入れると全体が引き締まります。（瀬尾幸子さん）

彩りが足りないときは、カラフルなシリコンカップを使います。また色や柄、サイズのバリエーションが豊かな、製菓用のカップも重宝します。（脇 雅世さん）

◎アレンジのコツ

味つけに変化をつける

いくらハンバーグやから揚げが好きでも、いつも同じ味だと飽きてしまいます。ソースを煮からめたり、違うソースにして変化をつけましょう。炒めものには、カレー粉や豆板醤などアクセントになる調味料でアレンジ。しょう油を少し加えることで、ご飯に合う味になります。

いろいろな材料を工夫して使う

今回ご紹介したレシピで、たとえば小松菜を使ったものは、ほうれん草、チンゲン菜などのほかの青菜でも代用できます。同様に、肉巻きや肉炒めの牛肉、鶏肉、豚肉はどの肉を使っても結構です。カップ焼きのチーズをマヨネーズに変えたり、玉子焼きと玉子巻きの具を変えたり、和えものやサラダに使う野菜を変えたりと、その日に冷蔵庫にあるもので工夫しましょう。

形を変えて別の料理に

前日と同じおかずでも、ひと手間加えれば新鮮な気分になります。にんじんとごぼうのきんぴらは、刻んでご飯と和えると、混ぜご飯風になります。ほかにも、玉子巻きにしたり、チーズをかけてカップ焼きにしたりと、違った料理にアレンジできます。

（瀬尾幸子さん）

写真　木村 拓　川村 隆

作っておけば10分でできる
作り置きおかずのおべんとう

料理　脇雅世　写真　川村隆

肉団子のトマト煮べんとう

柔らかくジューシーな肉団子が主役。副菜の煮もの、
ピクルスともに日持ちし、なじんだおいしさを楽しめます。

● 肉団子のトマト煮 48頁
ジューシーな味わいの肉団子は冷凍保存も可能。

● カリフラワーのカレーピクルス 79頁
彩りのよい付け合わせ。1週間日持ちします。

● ピーマンとじゃこのさっと煮 67頁
ちりめんじゃこのダシがなじんだ、ご飯が進むひと品。

脇雅世さんの考える 時間がおいしくするおかず

作り置きのおかずに向いているのは、揚げものや炒めものではなく、煮ものや煮豆、揚げてから漬け込む南蛮漬けなど――つまり、少し手間をかけて作るからこそおいしくて、時間がたつと、味わいが増す料理です。わたしがこれからご紹介するのは、そんな「時間がおいしくしてくれる」おかずです。朝、冷蔵庫からおかずを取り出し、温め直してから冷ませば（82頁参照）、あとはおべんとう箱に詰めるだけ。短時間でおいしいおべんとうができる作り置きは、忙しい日々のなかで心強い味方になります。

　冷蔵で3～4日ほど保存でき、冷凍保存できるものも多いので、まとめて作り、飽きないように間隔を空けて使うといいですね。毎日1品ずつ作って、常に2～3品のストックがあるようにすれば、おべんとうはもちろん、夕食にも役立ちます。「おべんとうのためだけ」ではなく、日々の食事をじょうずにくり回していくために、作り置きのおかずを生かしていただけたらうれしいです。

作り置きおかずを使った詰め合わせ見本

48〜81頁でご紹介する、作り置きおかずの詰め合わせ例をご紹介します。炊き込みご飯の素（75頁）で作った具だくさんのご飯に、おかずを少なめに組み合わせたり、作り置きのタレ（61頁）で和えものや炒めものを作るなど、活用法も参考にしてください。

煮もの メイン　ピリ辛山椒煮べんとう
- 🔴 カツオの山椒煮 50頁
- 🔵 豆腐の焼き煮 69頁
- 🟢 煮なます 68頁

煮もの メイン　レバー＆南蛮べんとう
- 🔴 レバーの香味煮 49頁
- 🔴 シシャモの南蛮漬け 59頁
- 🟢 さつまいものレモン煮 77頁

煮もの メイン　鶏ごぼう飯べんとう
- ⚪ 鶏とごぼうの炊き込みご飯 75頁
- 🟢 トマトのハチミツビネガー漬け 79頁
- 🔴 カツオの山椒煮 50頁
- 🔵 かぼちゃのひき肉からめ煮 70頁

煮もの メイン　中華べんとう
- 🔵 野菜のオイスターソース煮 66頁
- 🔴 豚肉の回鍋肉風 49頁
- 🟢 中華風ピクルス 78頁

煮もの メイン　肉じゃがべんとう
- ⚪ 春菊のピーナッツダレ和え 61頁
- ⚪ きのこと揚げの炊き込みご飯 75頁
- ⚪ 塩ゆでいんげん
- 🟢 こんにゃくのおかか煮 76頁
- 🔴 肉じゃが 51頁

煮もの メイン　回鍋肉＆鮭海苔べんとう
- 🟢 金時豆の甘煮 81頁
- 🔴 豚肉の回鍋肉風と煮玉子 49頁
- ⚪ 塩ゆでブロッコリー
- ⚪ サーモンの焼きほぐし 64頁

🔴 メインおかず
🔵 サブおかず
🟢 付け合わせ
⚪ その他

• メインおかずのカテゴリーごとに分類しています。

漬け焼き メイン

サワラの塩麹焼きべんとう

●サワラの塩麹焼き 56頁
●シャンピニオン グレック 72頁
●鶏そぼろ入り 玉子焼き 62頁

煮もの メイン

鶏の野菜巻きべんとう

●鶏の野菜巻き 53頁
●なすのしぎ煮 67頁
○ちりめんふりかけ 64頁
●和風ピクルス 78頁

煮もの メイン

イワシの梅煮べんとう

●イワシの梅煮 50頁
○焼きタラコ 64頁
●かぼちゃの ひき肉からめ煮 70頁
●和風ピクルス 78頁

漬け焼き メイン

ヘルシー 焼き魚べんとう

●サワラの塩麹焼き 56頁
●洋風ピクルス 78頁
●ラタトゥイユ 71頁

煮もの メイン

鶏いも煮べんとう

●豆マリネ 80頁
●ツナそぼろ 63頁
●鶏肉とさつまいもの 炒め煮 54頁
●豆腐そぼろ 63頁

煮もの メイン

牛ごぼう煮べんとう

●牛肉とごぼうの煮もの 52頁
●野菜のオイスターソース煮 66頁
●トマトのハチミツ ビネガー漬け 79頁

漬け焼き メイン

みそ豚& きのこ飯べんとう

●豚肉のみそ漬け焼き 57頁
●和風ピクルス 78頁
○きのこと揚げの 炊き込みご飯 75頁

煮もの メイン

炒り鶏べんとう

●炒り鶏 55頁
●ピーナッツみそ 81頁
○塩ゆで絹さや

煮もの メイン

牛ちらし寿司べんとう

●牛肉ちらし 52頁
●豆マリネ 80頁
●にんじんグラッセ 77頁
●豆腐の焼き煮 69頁

●メインおかず ●サブおかず ●付け合わせ ○その他

揚げ漬け メイン

南蛮&豚キムチ飯べんとう

○豚キムチの炊き込みご飯 75頁

●シシャモの南蛮漬け 59頁

●大根の含め煮 65頁

揚げ漬け メイン

鮭べんとうゆで玉子添え

●鮭の
トマトエスカベーシュ 58頁

●五目豆 80頁

●うずらのゆで玉子の
カレーピクルス 79頁

漬け焼き メイン

みそ豚べんとう

●豚肉のみそ漬け焼き 57頁

●五目豆 80頁

●パプリカのオリーブ油煮 73頁

揚げ漬け メイン

揚げ豚黒酢風味べんとう

●揚げ豚肉の黒酢漬け 60頁

●にんじんグラッセ 77頁

●ごぼうとサンマ缶の煮もの 69頁

揚げ漬け メイン

鮭べんとう牛そぼろ添え

●鮭の
トマトエスカベーシュ 58頁

●牛そぼろ 62頁

●里いもの
ごまみそ煮 66頁

漬け焼き メイン

鶏の洋食べんとう

●鶏のハーブ焼き 57頁

●うずらのゆで玉子の
カレーピクルス 79頁

○塩ゆで
ブロッコリー

●なすとセロリの
トマト煮 74頁

●長ねぎの白ワイン煮 73頁

揚げ漬け メイン

揚げ鶏べんとう

●鶏むね肉と
なすの揚げ漬け 60頁

○ジンギスカンタレの
もやし炒め 61頁

●里いもの
ごまみそ煮 66頁

揚げ漬け メイン

中華風揚げサバべんとう

●サバの中華風揚げ漬け 59頁

●煮玉子 49頁

●れんこんのケチャップ煮 76頁

漬け焼き メイン

ハーブ鶏&きのこ煮べんとう

○ワカメふりかけ 64頁

●鶏のハーブ焼き 57頁

●シャンピニオン
グレック 72頁

●大根の
含め煮 65頁

作り置きおかずのレシピ集

煮る、漬けてから焼く、揚げてから漬ける。主に3つの調理法で作る、便利で味わい深い、作り置きのおかずをご紹介します。

87 肉団子のトマト煮

トマトの酸味に、にんじんの甘味が絶妙なソース。焼かずに煮込む肉団子が、柔らかな食感です。

冷蔵3日
冷凍1カ月

材料（8コ分）

A　肉団子
［・合いびき肉…150g
・玉ねぎ…1/4コ
・食パン（白い部分）…30g
・有塩バター…小サジ1/2杯
・塩…小サジ1/4杯
・コショー…少々］

B　ソース
［・玉ねぎ…1/2コ
・にんじん…1/3本
・トマトの水煮（カットトマト）…1/2缶
※ホールトマトを手でつぶしても。
・ローリエ…1枚
・にんにく…1/2片
※たたいてつぶす。
・オリーブ油…小サジ2杯
・塩…小サジ2/3杯
・水…カップ1/2杯］

作り方

1　Aの玉ねぎはみじん切りにします。耐熱容器にバターとともに入れ、ラップをせずに電子レンジに1分かけ、粗熱を取ります。食パンは手で細かくほぐします。

2　ボールに1と残りのAの材料を入れ、手でよく練り混ぜます。8等分にして団子状に丸めます。

3　Bの玉ねぎとにんじんは皮をむき、みじん切りにします。鍋にオリーブ油、塩とともに入れて中火にかけ、しんなりするまで炒めます。

4　トマトの水煮、水、ローリエ、にんにくを加え、煮立ったら2を入れ、フタをして弱めの中火にします。途中で上下を返し、20分煮ます。

4

・48〜81頁のレシピには、適した保存方法と一般的な冷蔵庫での保存期間のめやすを併記しています。
ご家庭の環境によって保存期間は多少異なりますので、状態を確認して早めに食べきってください。

88 レバーの香味煮

香味野菜の効いた、濃厚でクセのないおいしさ。

冷蔵3~4日　冷凍1カ月

材料（作りやすい分量）

- 鶏レバー…150g
- ピーマン（みじん切り）…3~4コ分
- しょうが、にんにく（ともにみじん切り）…各1片分
- サラダ油…小サジ2杯
- ウスターソース…大サジ3杯
- 砂糖…小サジ2杯

作り方

1 鶏レバーはスジと脂肪を取り除いて食べやすい大きさに切り、1~2分ゆでて湯をきります。

2 鍋にサラダ油をひいて中火にかけ、ピーマン、しょうが、にんにくを入れ、しんなりするまで炒めます。

3 1、ウスターソース、砂糖を加え、汁気がほとんどなくなるまで炒め煮にします。

89 豚肉の回鍋肉《ホイコーロー》風と煮玉子

煮玉子も一緒に作れる、コクのある煮豚です。

冷蔵4~5日　冷凍3週間*

材料（作りやすい分量）

- 豚肩ロース肉（ソテー用）…2~3枚（250g）
- 玉子…4コ
- 砂糖…大サジ$1\frac{1}{2}$杯

A［・長ねぎ（青い部分）…1本分
・しょうが（うす切り）…2~3枚
・にんにく…1片
・しょう油…大サジ$1\frac{1}{2}$杯
・日本酒…大サジ1杯
・水…カップ1杯］

作り方

1 豚肉は1枚を4つに切り、1~2分ゆでて湯をきります。鍋に玉子と水を入れて強火にかけ、沸騰後、中火で7分ゆでてカラをむきます。

2 鍋に肉とAを入れ、落としブタをして強火にかけます。煮立ったら弱火にし、フタをして20分煮ます。

3 ゆで玉子を加え、途中で玉子を返して15分煮ます。砂糖を加え、汁気がほぼなくなるまで煮詰めます。

＊肉のみ冷凍し、煮玉子は冷蔵保存してください。

90 カツオの山椒煮

濃いうま味に、実山椒がアクセント。

冷蔵1週間　冷凍2カ月

材料（作りやすい分量）

- カツオ…1さく（200g）
- しょうが（うす切り）…3〜4枚
- 実山椒（しょう油煮）…大サジ1杯
- しょう油、砂糖、みりん…各大サジ1½杯

作り方

1 カツオは1.5〜2cm角に切り、1〜2分ゆでて湯をきります。

2 鍋に1と残りの材料を入れ、水をヒタヒタになるまで加えて強火にかけます。煮立ったら弱めの中火にし、落としブタをします。汁気がほぼなくなるまで、20分ほど煮ます。

※実山椒を使う代わりに、仕上げに粉山椒をたっぷり振っても。

91 イワシの梅煮

骨まで柔らかく、さっぱりとした甘辛さです。

冷蔵5日　冷凍1カ月

材料（作りやすい分量）

- イワシ…5尾（350g）

A［•梅干し…2コ　•しょうが（せん切り）…3〜4枚分　•日本酒…大サジ2杯　•砂糖…大サジ1½杯　•しょう油…大サジ1杯　•酢…小サジ1杯］

作り方

1 イワシは頭と尾を落とし、1尾を3つ〜4つに筒切りにしてワタを抜き、水で洗います。鍋に水カップ2½杯と酢カップ¼杯（分量外）を入れて沸かし、イワシを1分ほどゆでます。水に取り、ウロコや汚れを取り除きます。

2 鍋に1とA、かぶる位の水を入れて強火にかけ、煮立ったら落としブタをして弱火にします。汁気がほぼなくなるまで40分ほど煮ます。

※途中で焦げそうになったら湯を足します。

92 肉じゃが

肉をよくほぐし、団子状になるのを防ぐのがコツ。少なめの煮汁でほっくりと煮上げます。

冷蔵 3~4日

材料（作りやすい分量）
- じゃがいも…2コ（200g）
- 豚小間切れ肉（またはバラ肉）…120g
- にんじん…$\frac{1}{2}$本
- 玉ねぎ…$\frac{1}{2}$コ
- ダシ…カップ1杯
- 砂糖…大サジ$1\frac{1}{2}$杯
- しょう油…大サジ2杯

作り方

1 じゃがいもは皮をむいて食べやすい大きさに切り（6~8等分がめやす）、水に5分ほどさらしてザルに上げます。にんじんは皮をむき、太ければタテ2つ~4つに切ってから1cm厚さに切ります。玉ねぎはタテに1cm幅に切り、さらに半分の長さに切ります。豚肉は食べやすい大きさに切ります。

2 鍋にじゃがいも、にんじん、玉ねぎ、肉、ダシ、砂糖、しょう油の半量を入れ、菜箸で肉をほぐしてから強火にかけます。

3 煮立ったらもう一度肉をほぐし、落としブタをして弱めの中火にし、15分ほど煮ます。

4 残りのしょう油を加え、鍋をゆすって材料の上下を返し、さらに5分ほど煮て火を止めます。

93 牛肉とごぼうの煮もの

牛肉とごぼうのうま味が溶け込んだ甘辛味。酢飯に混ぜて、ちらし寿司べんとうも作れます。

冷蔵5日

材料（作りやすい分量）
- 牛ロース肉（うす切り）…200g
- ごぼう…$\frac{1}{2}$本（100g）
- 日本酒、砂糖、しょう油…各大サジ1$\frac{1}{2}$杯
- 水…大サジ4杯

作り方

1 牛肉は食べやすい大きさに切ります。ごぼうはよく洗い、太ければタテ半分にしてから斜めうす切りにします。切ったものから水に浸していき、切り終えたらザルに上げます。

2 鍋にごぼうと分量の水を入れ、フタをして中火にかけます。3～4分ほどゆでて、ややかために火を通します。

3 日本酒、砂糖、しょう油を加え、煮立ったら肉を加えて、菜箸で肉をほぐします。ときどき混ぜながら、汁気がほとんどなくなるまで煮ます。

〈アレンジレシピ〉

94 牛肉ちらし

材料（3～4人分）
•ご飯（ややかために炊く）…2合分　•牛肉とごぼうの煮もの…上記の約$\frac{2}{3}$量　•柚子の皮（せん切り）…適量　•白炒りごま…小サジ2杯　•砂糖…大サジ1杯　•塩…小サジ$\frac{2}{3}$杯　•酢…大サジ3杯

作り方

1 温かいご飯をボールに入れて砂糖と塩を加え、酢をまわしかけ、しゃもじで混ぜてほぐします。続けて牛肉とごぼうの煮ものを加え、切るように混ぜます。

2 柚子の皮と炒りごまを加えて混ぜ合わせ、粗熱を取ります。

95 鶏の野菜巻き

野菜は下ゆで不要で、手軽に作れます。時間がたってもジューシーなおいしさです。

冷蔵3日
冷凍2週間

材料（作りやすい分量）
・鶏もも肉（皮つき）…大1枚（300g）
・にんじん…1/4本
・細ねぎ…5～6本
・しょう油…小サジ1杯
・サラダ油…小サジ1杯
A［・砂糖、しょう油…各大サジ1杯
・水…カップ3/4杯］

作り方

1 鶏肉は余分な脂身を取り除き、身側の厚い部分に切り込みを入れて広げ、厚みを大まかにそろえます。身側にしょう油小サジ1杯を振ってなじませ、10分ほどおきます。

2 にんじんは皮をむいてせん切りにします。細ねぎは根を落とし、肉の長さに合わせて折りたたみます。

3 肉の上ににんじん、細ねぎをのせて端から巻き、たこ糸でしばって形を整えます。

※肉は手に持たず、まな板に置いたまま糸を巻き始めると、中身がこぼれません。まず、糸を肉の端にひと巻きして結わえ、肉の下に滑らせるようにして反対側の端まで巻きます。あとは肉を手に持って巻き戻り、始めに結わえたところで留めます。

3

4 フライパンにサラダ油をひいて中火にかけ、肉の巻き終わりを下にして入れ、軽く焼きます。次に、全体に焼き色がつくように、転がしながらじっくりと焼きます。

5 Aを加え、フタをして5～6分蒸し煮にします。フタを取り、汁気を肉に完全に煮からめて火を止めます。粗熱が取れてから糸を外します。

※おべんとう箱に詰める都度、切り分けます。冷凍保存する場合は、切り分けて1切れずつラップに包み、保存用ポリ袋などに入れます。

96 鶏肉とさつまいもの炒め煮

鶏のうま味としょう油の香ばしさが、ホクホクのさつまいもによくしみ込みます。

冷蔵 3~4日

材料（作りやすい分量）

- 鶏もも肉（皮つき）…200g
- さつまいも…$\frac{1}{2}$本（180g）
- 長ねぎ…$\frac{1}{2}$本
- サラダ油…小サジ2杯

A［・しょうがのしぼり汁、日本酒、しょう油…各小サジ1杯］

B［・日本酒…大サジ1杯
・しょう油…大サジ$\frac{1}{2}$杯
・砂糖…小サジ1杯
・水…カップ$\frac{1}{2}$杯］

作り方

1 鶏肉は余分な脂身を取り除き、2cm角に切ります。ボールに入れ、Aを加えて混ぜ、下味をつけます。

2 さつまいもは皮つきのまま2cm角に切り、水に5分ほどさらしてザルに上げます。長ねぎは1.5cm長さの斜め切りにします。

3 フライパンにサラダ油をひいて中火にかけ、漬け汁を軽くきった鶏肉を入れて炒めます。漬け汁は残しておきます。

4 肉の色が全体に変わったら、油をフライパンに残して肉をいったん取り出します。同じフライパンにさつまいもを入れ、中火で炒めます。

5 さつまいもに油がまわり軽く焼き色がついたら、Bと漬け汁を加えます。フタをして、さつまいもが柔らかくなるまで8分ほど煮ます（竹串がスッと通る位がめやす）。

6 長ねぎを加え、肉を戻し入れ、汁気をとばして煮からめます。

97 炒り鶏

根菜、こんにゃく、干し椎茸、そして鶏肉。さまざまな食感と、豊かな風味を楽しめます。

冷蔵 4~5日＊

材料（作りやすい分量）
・鶏もも肉（皮つき）…150g
・ごぼう…1/3本（70g）
・竹の子（水煮）…60g
・れんこん…80g
・にんじん…1/2本
・こんにゃく…1/3枚
・干し椎茸…2~3枚
※水に30分ほどつけてもどす。
・サラダ油…小サジ2杯
・しょう油…大サジ1/2杯
A［・ダシ…カップ1杯
・砂糖…大サジ1 1/2杯
・しょう油…大サジ1杯弱
・日本酒、みりん…各大サジ1/2杯］

作り方

1　鶏肉は余分な脂身を取り除き、ひと口大に切ります。れんこん、にんじんは皮をむき、ごぼうはよく洗ってから、それぞれ小さめの乱切りにします。干し椎茸は軸を落とし、同じ位の大きさに切ります。竹の子は、大きければタテ2つ～4つにし、1cm厚さに切ります。こんにゃくは食べやすくちぎり、さっとゆでて水をきります。

2　鍋にサラダ油をひいて中火にかけ、鶏肉を焼き色がつくまで焼いたら、油を鍋に残して肉をボールに取り出します。すぐにしょう油をまわしかけ、ボールをゆすって肉を返し、肉にしょう油をなじませます。肉が熱いうちにラップをして蒸らします。
※肉が冷めないよう、菜箸でかき混ぜずに手早くなじませます。

3　2の鍋に鶏肉と干し椎茸以外の材料を入れ、中火で炒めます。油がまわったら干し椎茸とAを加え、落としブタをして15分煮ます。

4　2の鶏肉を汁ごと加え、鍋をゆすって上下を返します。落としブタをし、5分煮て火を止めます。

4

＊冷凍に不向きな竹の子とこんにゃくを取り出して、2週間ほど冷凍保存することができます。

98 サワラの塩麹焼き

塩麹を塗って冷蔵・冷凍すれば、あとは焼くだけ。時間をおくことで、味わい深くなります。

冷蔵4~5日＊　冷凍1カ月＊

材料（作りやすい分量）

- サワラ（切り身）…2切れ
- 塩麹（作り方は下記。市販品でも）…大サジ1$\frac{1}{2}$~2杯

作り方

1 サワラはラップにのせ、塩麹を両面にまんべんなく塗ります。ラップで包んで保存用ポリ袋に入れ、冷蔵庫で1~5日おくか、冷凍します。

2 サワラを焼く前に室温にもどし、表面の塩麹を軽く拭います。魚焼きグリルを中火で熱し、サワラを並べて8~10分、焼き色がつくまで焼きます。片面焼きグリルの場合は、途中で返します。

※冷凍保存の場合、解凍してから室温にもどします。室温にもどす時間がないときは、電子レンジの弱加熱に30秒~1分ほどかけるとよいでしょう。

〈自家製レシピ〉

99 塩麹

冷蔵3カ月

材料（作りやすい分量）

- 米麹（乾燥）…200g
- 塩…70g　・水…カップ1$\frac{1}{4}$杯

作り方

1 広口のビンを煮沸消毒します。材料の水は沸騰させ、冷ましておきます。

2 ボールに麹と塩を入れ、手でよく揉み合わせてなじませます。1の水を加えて清潔なゴムベラで混ぜ、ビンに移し、ゆるくフタを閉めます。

3 室温に置き、1日に1度、清潔なスプーンなどで混ぜます（暑い時期は冷蔵庫に置く）。7~10日ほどで出来上がり。冷蔵保存します。

3

＊塩麹を塗った、生の状態で冷蔵・冷凍してください。

100 鶏のハーブ焼き

ハーブの香味が効いた、カリカリの皮も楽しめます。

冷蔵3日*　冷凍1カ月*

材料（作りやすい分量）
・鶏もも肉（皮つき）…1枚（250g）
A［・オリーブ油…小サジ1杯
・ドライハーブ（ローズマリーまたはミックスハーブ）…小サジ1杯
・塩…小サジ1/2杯弱
※鶏肉の重量の1%がめやす。
・コショー…少々］

作り方
1 鶏肉は余分な脂身を取り除き、食べやすく切ってポリ袋に入れます。Aを加え、全体にいきわたるように揉み、10分～一晩おきます（長時間の場合は冷蔵）。または冷凍します。
2 肉を室温にもどし（56頁※参照）、中火にかけたフライパンに皮を下にして並べます。弱めの中火にし、皮がカリッとするまで8分ほど焼き、返してさらに2～3分焼きます。

101 豚肉のみそ漬け焼き

焼けたみそが香ばしく、ジューシーなひと品。

冷蔵4～5日*　冷凍1カ月*

材料（2枚分）
・豚ロース肉（ソテー用）…2枚
・みそ…大サジ2杯

作り方
1 豚肉は赤身と脂身の境目を数カ所断ち切り、ラップにのせ、みそを両面にムラなく塗ります。ラップで包んで保存用ポリ袋に入れ、冷蔵庫で1～5日おくか、冷凍します。
2 肉を室温にもどします（56頁※参照）。アルミホイルにサラダ油（分量外）をうすく塗り、肉にみそをつけたままのせます。オーブントースターに入れ、焼き色がつくまで様子を見ながら10分ほど焼きます。食べやすい大きさに切ります。
※2枚同時に焼く場合は、トースターの熱量不足で焼き色がつきにくいことがあるので、魚焼きグリルやオーブンなどを使うとよいでしょう。

＊生の状態で冷蔵・冷凍してください。

102 鮭のトマトエスカベーシュ

揚げた鮭を甘酸っぱいトマトソースに漬けます。日がたってなじむほど、格別なおいしさに。

冷蔵1週間　冷凍1カ月

材料（作りやすい分量）
・生鮭（切り身）…2切れ
※甘塩鮭や外国産の生サーモンでも。
・トマト…1コ
・にんじん…1/6本
・ペコロス（小玉ねぎ）…2～3コ
※玉ねぎ1/4コをうす切りにしても。
・にんにく…1片
・塩、コショー…各少々
・小麦粉、サラダ油…各適量
A［・ローリエ…1枚
・酢…大サジ2杯
・塩…小サジ1/3杯強
・コショー…少々］

作り方

1　鮭は骨と皮を取り除き、1切れを3つ～4つに切ります。両面に塩・コショーし、小麦粉をうすくつけて、180℃に熱した油で3分ほど揚げます。
※甘塩鮭を使う場合、塩は省きます。

2　にんじんは皮をむき、2～3㎜厚さの輪切りにします（スライスが花の形になるよう、側面に庖丁でスジを入れてから切っても）。ペコロスは5㎜厚さの輪切りにします。トマトは湯むきし、1.5㎝角位に刻みます。にんにくはうすい輪切りにし、芯を取り除きます。

3　鍋に1の油をカップ1/4杯取り分けて中火にかけます。にんじん、ペコロスを入れ、軽く色づくまで1～2分ほど揚げ焼きにします。

4　トマトとにんにく、Aを加え、弱火にしてフタをします。トマトが煮崩れるまで15分ほど煮ます。

5　保存容器に1と4を入れます。粗熱が取れたら出来上がりです。

4

103 シシャモの南蛮漬け

下処理のいらないシシャモで、手軽に作れます。

冷蔵3~4日 冷凍1カ月

材料（作りやすい分量）
- シシャモ…10尾
- ピーマン…1コ
- しょうが（うす切り）…3枚
- にんじん…1/6本（30g）
- 小麦粉、揚げ油…各適量

A［・ダシ…カップ1/2杯
・酢…大サジ4杯
・しょう油、日本酒、みりん…各大サジ2杯
・唐辛子（輪切り）…少々］

作り方

1 Aを小鍋に入れてひと煮立ちさせます。ピーマンはヘタと種を取り除き、うすい輪切りにします。しょうがはせん切りにし、にんじんも皮をむいてせん切りにします。

2 シシャモに小麦粉をうすくつけ、180℃の油で4~5分、カラリと揚げます。

3 保存容器に2と1を入れます。粗熱が取れたら出来上がりです。

104 サバの中華風揚げ漬け

身のしっとり感、八角の風味がポイント。

冷蔵5~6日 冷凍1カ月

材料（作りやすい分量）
- サバ（骨を取り除いてひと口大のそぎ切り）…1/2尾分
- 片栗粉、揚げ油…各適量

A［・長ねぎ（白い部分・2~3cm長さのぶつ切り）…1/2本分　・しょうが（うす切り）…4~5枚
・八角（8サヤにばらして）…2サヤ　・しょう油…大サジ1杯］

B［・砂糖、しょう油…各大サジ1杯　・水…大サジ4杯］

作り方

1 サバはAとともにボールに入れて混ぜ合わせ、10分ほどおきます。

2 長ねぎの水気を軽く拭き、160℃の油で2分ほど揚げます。サバは水気を軽くきり、片栗粉をうすくつけ、180℃の油で2~3分揚げます。どちらも保存容器に入れます。

3 小鍋に1の残りとBを入れて煮立て、2に注ぎます。粗熱が取れたら出来上がりです。

105 揚げ豚肉の黒酢漬け

淡白な豚ヒレ肉が、コクのある味わいに。

冷蔵 4~5日　冷凍 1カ月

材料（作りやすい分量）
- 豚ヒレ肉（ブロック）…200g
- 片栗粉、揚げ油…各適量

A［•しょう油…小サジ2杯　•日本酒…小サジ1杯］

B（混ぜ合わせておく）［•砂糖、日本酒、黒酢、しょう油、水…各大サジ1杯］

作り方

1 豚肉は1cm厚さに切ってボールに入れ、Aを加えて揉み込み、下味をつけます。

2 肉の汁気を軽くきり、片栗粉をうすくつけます。170℃の油で3分ほど揚げます。

3 保存容器に2とBを入れます。粗熱が取れたら出来上がりです。

106 鶏むね肉となすの揚げ漬け

ダシとおろし玉ねぎの、まろやかな漬け汁です。

冷蔵 4~5日　冷凍 2週間

材料（作りやすい分量）
- 鶏むね肉…1枚　•なす…2本
- ししとう…6本　•塩…少々
- 揚げ油、小麦粉…各適量

A［•ダシ…カップ1/2杯　•しょう油…カップ1/4杯　•玉ねぎ（すりおろし）…1/3コ分］

作り方

1 鶏肉は皮を取り除き、ひと口大のそぎ切りにします。なすはヘタを落とし、タテ4等分にして半分の長さに切ります。ししとうはヘタを取り、竹串などで2~3カ所刺します。

2 水気を取ったししとうを170℃の油で1~2分揚げます。温度を180℃に上げ、なすをはじめに皮面を下にして入れ、全体がうすく色づくまで揚げます。鶏肉は塩を振って小麦粉をつけ、2~3分揚げます。すべて保存容器にAとともに入れ、粗熱が取れたら出来上がりです。

コラム

味つけに便利なタレ

炒めものや和えものなど、おべんとうにあと一品ほしいとき、手早く味つけができるタレをご紹介します。和えものは水気が出ないよう、ゆでた青菜などとは別にタレを持って行き、食べる前に和えましょう。

107 ダシしょう油

冷蔵2カ月

作り方

1 小鍋に日本酒、みりん各大サジ2杯を合わせ、強火に1分かけて煮切ります。

2 別の鍋に、かつおぶし（うす削りで細かいもの）8～10gを入れて中火にかけ、焦がさないように注意して炒ります。火から下ろし、手で揉んで粉ぶしにし、ダシパックの袋に入れるかガーゼで包みます。

3 小ビンに、1を大サジ$\frac{2}{3}$杯、しょう油大サジ5杯、たまりじょう油大サジ2杯、2を入れ、冷蔵庫で3～4日おいて味をなじませます。

※たまりじょう油は、しょう油で代用しても結構です。

1

2

108 ピーナッツダレ

冷蔵1カ月

作り方

ピーナッツバター（甘さ控えめのもの）大サジ3杯、砂糖大サジ$1\frac{1}{2}$杯、しょう油大サジ$\frac{1}{2}$～1杯を混ぜ合わせます。

※和えものにしても水気が出にくい、かためのタレです。さやいんげんなどの場合、水を少々加えて和えます。

109 甘みそ

冷蔵2~3カ月

作り方

みそ100g、砂糖80g、日本酒大サジ1～2杯を小鍋に入れて中火にかけ、木杓子で1～2分練ります。

110 焼肉のタレ

冷蔵2~3カ月

作り方

次の材料をビンに入れ、振り混ぜます。長ねぎのみじん切り大サジ4杯分、にんにくのみじん切り大サジ1杯分、白すりごま大サジ$1\frac{1}{2}$杯、しょう油大サジ5杯、日本酒大サジ2杯、砂糖大サジ2杯、ごま油大サジ2杯、みりん大サジ1杯、しょうが汁小サジ1杯、コショー少々。

111 ジンギスカンタレ

冷蔵2~3カ月

作り方

次の材料をビンに入れ、振り混ぜます。おろし玉ねぎ$\frac{1}{4}$コ分、おろしにんにく$\frac{1}{2}$片分、しょう油125㎖、りんごジュース大サジ2杯、日本酒大サジ2杯、砂糖大サジ$1\frac{1}{2}$杯、しょうが汁大サジ$\frac{1}{2}$杯、レモン汁大サジ$\frac{1}{2}$杯、コチュジャン小サジ$\frac{1}{2}$杯。

ダシしょう油

ピーナッツダレ

甘みそ

焼肉のタレ

ジンギスカンタレ

112 鶏そぼろ

鶏ひき肉と調味料を混ぜてから、火にかけるのがコツ。

冷蔵 4~5日　冷凍 3週間

材料（作りやすい分量）

- 鶏ひき肉…150g
- 日本酒…大サジ2杯
- 砂糖…大サジ1杯
- しょう油…小サジ2杯

作り方

1 小鍋にすべての材料を入れ、菜箸4~5本を使ってよく混ぜ合わせ、水分と肉をなじませます。

2 中火にかけ、同様に菜箸で混ぜながら、水分がほとんどなくなるまで炒ります。

※玉子焼きの具にもおすすめです。

113 牛そぼろ

甘辛くうま味の深い、佃煮風のそぼろです。

冷蔵 1週間　冷凍 2カ月

材料（作りやすい分量）

- 牛スネ肉…200g

A〔
- しょうが（みじん切り）…大サジ1杯分
- にんにく…2片
  ※タテ半分に切って芯を取り除く。
- 日本酒…大サジ2杯
- しょう油…大サジ$1\frac{1}{2}$杯強〕

作り方

1 牛肉は2.5cm角に切り、さっとゆでて湯をきります。

2 厚手で小さめの鍋に1とA、かぶる位の水を入れ、強火にかけます。

3 煮立ったらフタをして弱火にし、1時間30分ほど煮ます。煮汁がほぼなくなるまで煮詰め、途中で水分が足りなくなったら湯を足します。

4 ボールに移し、すりこ木などを使って肉のセンイをほぐします。

114 ツナそぼろ

ツナ缶の漬け汁も使い、コクを出します。

冷蔵 4~5日
冷凍 2週間

材料（作りやすい分量）
- ツナ…1缶（80g）
- 砂糖…大サジ1杯
- しょう油…小サジ1杯

作り方

1 小鍋にツナを漬け汁ごと入れ、砂糖、しょう油を加え、菜箸で混ぜ合わせます。

2 中火にかけ、菜箸で混ぜながら、水分がほぼなくなるまで炒ります。

※しっかりとした味なので、ご飯のおともにおすすめです。

115 豆腐そぼろ

ごま油の風味、ねぎの香味が生きています。

冷蔵 3~4日

材料（作りやすい分量）
- 絹ごし豆腐…1丁（400g）
- 長ねぎ（みじん切り）…1/3本分
- ごま油…大サジ1杯
- 砂糖…小サジ1/2杯
- 塩…小サジ1/2杯
- しょう油…少々

作り方

1 豆腐は軽く水きりをし、表面の水気を不織布のキッチンペーパーで拭き取ります。

2 鍋にごま油を中火で熱し、豆腐を手でくずしながら入れ、砂糖、塩、しょう油を加えます。菜箸で混ぜながら、水分がほとんどなくなるまでよく炒ります。

3 長ねぎを加え、味がなじむまで2~3分炒ります。

コラム

手作りふりかけで彩りを

素材から手作りするふりかけは、市販のものより安心で、栄養も豊か、そしてうれしいおいしさです。まとめて作っておくと便利です。

116 サーモンの焼きほぐし
117 焼きタラコ

冷蔵4~5日　冷凍1~2カ月

作り方

1 生サーモン3切れはポリ袋に入れ、塩小サジ2杯弱（サーモンの重量の2.5~3％がめやす）を加えて揉み、冷蔵庫で2~3日おきます。

2 サーモンとタラコ適量は、必ず常温にもどしてから、魚焼きグリルで中火にかけて焼きます。様子を見ながら、どちらも両面をこんがりと焼き、中までしっかり火を通します。

3 サーモンは骨と皮を取り除いて大きめにほぐし、しょう油で適宜味つけし、粗熱が取れたらビンに入れます。タラコは粗熱が取れたら厚さ1cm強に切り、ビンに入れます。

※脂身の多い外国産の生サーモンを使うと、しっとりとしたおいしさに。さっぱりとした味わいの、生鮭で作ってもよいでしょう。

118 ちりめんふりかけ

室温1~2週間

作り方

ちりめんじゃこ25gはキッチンペーパー2~3枚の上に広げて電子レンジに30秒かけ、粗熱が取れてから上下を返して30秒かけることを、カリカリになるまで3回ほどくり返します。とろろ昆布5gも同様にレンジにかけ、揉みほぐします。以上と青海苔大サジ1/2杯を混ぜ合わせます。

119 セロリのぬれふりかけ

冷蔵4~5日

作り方

セロリの葉と茎の細い部分50gは塩ゆでして冷水に取り、水を何度か替えながら8時間ほどさらし、好みの加減にアク抜きします。水気をしぼって細かく刻み、さらにしぼります。小鍋に入れ、日本酒大サジ1杯、塩小サジ1/4杯を加え、弱めの中火で3分ほど、混ぜながら炒ります。

120 玉子ふりかけ

冷蔵4~5日

作り方

玉子2コは割りほぐし、樹脂加工のフライパンに入れて中火にかけ、菜箸4~5本で混ぜて炒ります。細かくなったら弱めの中火にし、さらに5分ほど炒って水分をとばします。火を止めて、砂糖大サジ1 1/2杯、塩小サジ1/2杯弱を加えて混ぜ、広げて冷まします。焼き海苔1/2枚を細かく切るか揉み海苔にして加えます。

121 ワカメふりかけ

室温1~2週間

作り方

干しワカメ20gは、はさみで1×2cm位に切ります。小鍋に入れ、ごま油大サジ1杯を加え、弱火でカリカリになるまで混ぜて炒ります。砂糖大サジ2杯弱、塩少々を加え、砂糖が溶けたら白炒りごま小サジ2杯を混ぜ合わせます。火を止めて混ぜながら冷まし、密閉容器に入れます。

サーモンの焼きほぐし

焼きタラコ

ちりめんふりかけ

セロリのぬれふりかけ

玉子ふりかけ

ワカメふりかけ

122 大根の含め煮

冷蔵3日

汁気を含んだ大根は、ほっとするおかずです。タコと昆布のうま味が、口いっぱいに広がります。

材料（作りやすい分量）
- 大根…1/3本（300g）
- タコの足…1本（50g）
- 昆布（5×7cm）…1枚
- 水…カップ3/4杯

A［
- 日本酒…大サジ1杯
- 砂糖…小サジ2杯
- 塩…小サジ1/2杯
- しょう油…少々］

1 昆布は分量の水に5分ほど浸し、柔らかくなったら、2～3cm長さの細切りにします。浸した水は残しておきます。

2 大根は皮をむいてタテ6つの放射状に切り、2cm厚さに切ります。タコは厚さ3mm位の小口切りにします。

3 鍋に1の昆布と水、大根、タコ、Aを入れて強火にかけます。煮立ったらアクを取り、落としブタをして弱火にします。大根が柔らかくなるまで20分ほど煮ます。

4 火を止めて、粗熱が取れるまでおきます。

※素材から出るダシがおいしさのポイント。タコの代わりに、イカの身や足、干しエビ、干し貝柱など、うま味を出す素材を使って作ることができます。

123 里いものごまみそ煮

もっちりとした食感、ごまの香ばしさを楽しみます。

冷蔵3~4日　冷凍2週間

材料（作りやすい分量）
- 里いも…300g（6~7コ）
- 白すりごま…大サジ2杯

A［・ダシ…カップ3/4杯
- みそ…大サジ1 1/2杯
- 砂糖…大サジ1杯］

作り方

1 里いもは皮をむいてひと口大に切ります。流水でさっと洗ってでんぷん質を落とし、水きりします。

2 鍋にAとすりごまの半量を入れ、混ぜ合わせてから強火にかけます。煮立ったら里いもを加えて中火にし、落としブタをします。里いもが柔らかくなり、煮汁がほとんどなくなるまで、20分ほど煮ます。

※途中で焦げそうになったら湯を足します。

3 火を止め、残りのすりごまを加えて混ぜ合わせます。

124 野菜のオイスターソース煮

煮崩した野菜の、やさしい甘さを味わうひと品。

冷蔵3~4日

材料（作りやすい分量）
- じゃがいも…3コ（300g）
- にんじん…小1本（100g）
- 玉ねぎ…1/2コ
- ごま油…小サジ1杯

A［・オイスターソース…大サジ1 1/2杯
- 水…カップ1杯］

作り方

1 野菜はすべて皮をむき、1cm角に切ります。じゃがいもは水に5分ほどさらし、ザルに上げます。

2 鍋に1とAを入れて強火にかけ、煮立ったら弱火にしてフタをします。野菜が柔らかくなり、煮汁がほぼなくなるまで、15分ほど煮ます。

3 火を止めてごま油を加え、ひと混ぜします。

125 ピーマンとじゃこのさっと煮

冷蔵5~6日　冷凍2週間

ほろ苦さのなかにうま味がたっぷり。ご飯が進みます。

材料（作りやすい分量）
- ピーマン…3コ
- ちりめんじゃこ…30g
- サラダ油…小サジ1杯

A［・ダシ…カップ$\frac{1}{4}$杯
- 日本酒…大サジ2杯
- みりん…大サジ1杯
- しょう油、砂糖…各小サジ1杯］

作り方

1 ピーマンはタテ半分に切ってからヘタと種を取り除き、ヨコに7mm幅に切ります。

2 鍋にサラダ油をひいて中火にかけ、ピーマンを入れて、鮮やかな緑色になるまで炒めます。

3 ちりめんじゃこを加えてさっと炒め合わせたら、Aを加え、ときどき混ぜながら汁気がなくなるまで炒め煮にします。

126 なすのしぎ煮

冷蔵3~4日　冷凍2週間

甘みそで煮たなすに、しその香味がよく合います。

材料（作りやすい分量）
- なす…3本　・青じそ…5~6枚
- ごま油…大サジ1杯　・塩…適量

A（混ぜ合わせておく）
［・ダシ…カップ$\frac{1}{3}$杯
- みそ…大サジ1杯
- 砂糖…小サジ2杯］

作り方

1 なすは、ヘタを落として皮のところどころをむき、ひと口大の乱切りにします。うすい塩水に5分ほどさらし、ザルに上げます。

2 鍋にごま油をひいて強火にかけ、なすを入れ、しんなりとするまで炒めます。油が足りなければ適宜加えます。

3 Aを加えて中火にし、落としブタをして、煮汁がほとんどなくなるまで煮ます。青じそを大まかにちぎって加え（2cm角位がめやす）、さっと混ぜ合わせて火を止めます。

127 煮なます

根菜の食感を生かす切り方がポイント。
さっぱりしたサラダ感覚でたっぷりいただけます。

冷蔵 4~5日　冷凍 2週間

材料（作りやすい分量）
- 大根…3cm（100g）
- にんじん…$\frac{1}{6}$本（30g）
- れんこん…$\frac{1}{4}$節（50g）
- 干し椎茸…2枚
- 油揚げ…1枚

A［・日本酒…大サジ$\frac{1}{2}$杯
・塩…小サジ$\frac{1}{2}$杯
・水…大サジ2杯］

B［・砂糖…大サジ$1\frac{1}{2}$杯
・酢…大サジ2~3杯］

作り方

1 干し椎茸は水に30分ほどつけてもどし、細切りにします。

2 大根は皮をむいてうすい輪切りにし、少しずらして重ねてせん切りにします。にんじんは皮をむき、タテにうす切りにしてから、センイにそってせん切りにします。れんこんは、太ければタテ2つ~4つに切ってからうす切りにし、水に5分ほどさらしてザルに上げます。

3 油揚げは熱湯をかけて油抜きし、水気をしぼります。端に切り込みを入れて開き、4~5cm長さのせん切りにします。

4 鍋にAを入れて強火にかけ、煮立ったら中火にし、1、2、3を加えます。菜箸で混ぜながら、しんなりするまで炒り煮にします。

5 バットにあけ、すぐにBを順に加え、菜箸で混ぜて広げながら冷まします。

128 ごぼうとサンマ缶の煮もの

蒲焼の甘辛味を生かし、手早く作れます。

冷蔵4日　冷凍3週間

材料（作りやすい分量）
- ごぼう…1/2本（100g）
- サンマの蒲焼（缶詰）…1缶（100g）
- 日本酒…大サジ1杯
- 水…カップ1/4杯

作り方

1 ごぼうはよく洗い、太ければタテ半分に切ってから斜めうす切りにします。切ったものから水につけ、切り終えたらザルに上げます。

2 鍋に1と分量の水を入れて強火にかけ、煮立ったら中火にしてフタをし、5分煮ます。

3 サンマを缶の汁ごと加え、日本酒も加えます。サンマを適度にほぐして混ぜながら、汁気がほとんどなくなるまで煮ます。

129 豆腐の焼き煮

にんにくが香るピリ辛味。食べごたえ充分です。

冷蔵3~4日

材料（作りやすい分量）
- 木綿豆腐…1丁（400g）
- しょう油、ごま油…各大サジ2杯

A［・細ねぎ（小口切り）…大サジ2杯分
・にんにく（みじん切り）…1片分
・白すりごま…小サジ1杯
・砂糖…小サジ2杯
・一味唐辛子…少々］

作り方

1 豆腐はしっかり水きりし、水気を拭き取ります。長辺を半分に切ってから1.5cm幅に切り、バットに並べ、しょう油をかけて下味をつけます。

2 フライパンにごま油をひいて中火にかけ、汁気をきった豆腐を並べます。両面を焼き色がつくまでよく焼いたら、Aと1の汁を加えます。汁気がほとんどなくなるまで、フライパンをゆすりながら煮からめます。

130 かぼちゃのひき肉からめ煮

冷蔵 3~4日
冷凍 1カ月

かぼちゃの甘味が引き立つボリュームおかず。ひき肉は火にかける前にほぐしておくのがコツです。

材料（作りやすい分量）
- かぼちゃ…$\frac{1}{8}$コ（250g）
- 豚ひき肉…100g

A［
- ダシ…カップ$\frac{1}{2}$杯
- 砂糖…大サジ$1\frac{1}{2}$杯
- 塩…小サジ$\frac{1}{3}$杯強］

作り方

1 かぼちゃは種とワタを取り除き、皮のところどころをむいて、食べやすい大きさに切ります。

2 鍋にひき肉とAを入れ、肉をよくほぐしてから中火にかけます。

※火にかける前にほぐすことで、塊になるのを防ぎます。

3 煮立って肉の色が変わったら、かぼちゃを加えてざっとひと混ぜし、落としブタをして弱めの中火にします。かぼちゃが柔らかくなるまで、15分ほど煮ます。

4 最後に軽く混ぜて、かぼちゃを少しくずし、肉をからませます。

2

131 ラタトゥイユ

冷蔵3日 冷凍3週間

にんにくの香りが食欲をそそう、ラタトゥイユ。夏野菜のうま味が凝縮されています。

材料（作りやすい分量）
- ズッキーニ…1本
- パプリカ（赤）…1コ
- 玉ねぎ…1/2コ
- なす…2本
- トマト…1コ
- ローリエ…1枚
- オリーブ油
- 塩…小サジ2/3杯
- にんにく…2片

作り方

1 ズッキーニはヘタを落としてタテ半分に切り、2〜2.5cm厚さに切ります。パプリカ、玉ねぎ、なすも同じ位の大きさに切ります。トマトは湯むきし、ざく切りにします。にんにくはタテ半分に切り、芯を取り除きます。

2 フライパンにオリーブ油大サジ1〜2杯をひいて中火にかけ、ズッキーニとローリエを入れて炒めます。ズッキーニに少し焼き色がついたら、油をフライパンに残して、ズッキーニとローリエを鍋に移します。同様に、パプリカ、玉ねぎ、なすの順に、1種類ずつフライパンで炒めて鍋に移します。

※途中で油が少なくなったら、オリーブ油を足します。

3 2の鍋にトマト、塩、にんにくを加え、ひと混ぜしてフタをします。弱めの中火にかけ、ときどき混ぜながら15分ほど煮ます。汁気が上の出来上がりの写真より多いようなら、フタを取り、さらに5分ほど様子を見ながら煮詰めます。最後に、にんにくを木ベラなどでつぶして混ぜ合わせます。

※味をみて、うすいようなら塩を加えてととのえます。

132 シャンピニオングレック

きのこの食感を楽しめる、フランスの常備菜。トマトのコクに、スパイスが清涼感を添えます。

冷蔵1週間　冷凍3週間

材料（作りやすい分量）

- マッシュルーム、エリンギ、しめじ…合計300g
- 玉ねぎ…1/2コ
- にんにく…1片
- トマトペースト…大サジ2杯
- オリーブ油…大サジ3杯
- 塩…小サジ1/2杯

A
- 白ワイン…80ml
- レモン汁…大サジ1杯
- 砂糖…小サジ1杯
- ローリエ…1枚
- コリアンダーシード（ホール）…小サジ1杯
- コショー…少々

作り方

1 マッシュルームは石突きを落とし、大きければタテ半分に切ります。エリンギは7mm厚さの斜めうす切りにします。しめじは石突きを落とし、小房に分けます。玉ねぎは2～3cm幅のクシ切りにし、さらに半分の長さに切ります。にんにくはタテ半分に切り、芯を取り除きます。

2 鍋にオリーブ油をひき、玉ねぎ、にんにく、塩を入れ、中火にかけて炒めます。

3 玉ねぎが透き通ってきたらトマトペーストを加え、全体になじむように、軽く炒め合わせます。

※トマトペーストを焦がさないよう、手早く炒めます。

4 きのことAを加えてフタをし、ときどき混ぜながら10分ほど煮ます。

3

133 パプリカのオリーブ油煮

肉厚のパプリカを柔らかく、香り豊かに煮ます。

冷蔵5~6日　冷凍2週間

材料（作りやすい分量）

- パプリカ（赤・黄）…各1コ
- A［・オリーブ油…大サジ3杯
- 塩…小サジ1/2杯
- 粗挽き黒コショー…少々
- 水…カップ1/4杯］

作り方

1 パプリカはヘタと種、ワタを取り除き、タテに2cm幅に切ります。

2 鍋にAとパプリカを入れ、フタをして中火にかけます。

3 フタの隙間から蒸気が出てきたら、弱火にします。途中で上下を返し、パプリカが柔らかくなるまで、10~15分ほど煮ます。

134 長ねぎの白ワイン煮

まろやかなおいしさ。白ワインのおともにも。

冷蔵5~6日　冷凍2週間

材料（作りやすい分量）

- 長ねぎ（太めのもの・白い部分）…2本分
- A［・白ワイン…カップ1/2杯
- オリーブ油…大サジ3杯
- 塩…小サジ1/3杯
- ローリエ…1/2枚
- コショー…少々］

作り方

1 長ねぎは3~4cm長さに切ります。

2 鍋にAを入れて強火にかけます。煮立ったら長ねぎを加え、フタをして弱火にし、15分ほど煮ます。火を止めて、フタをしたまま冷まし、味を含ませます。

135 なすとセロリのトマト煮

冷蔵 4~5日　冷凍 3週間

セロリの香味とバルサミコ酢がさわやかな、冷やしてもおいしいお惣菜です。

材料（作りやすい分量）
- なす…3本
- トマト…1コ
- セロリ…1/2本
- 玉ねぎ…1/4コ
- にんにく…1片
- パセリ（みじん切り）…小サジ2杯分
- 塩…小サジ1/2杯
- オリーブ油…大サジ3杯
- バルサミコ酢…小サジ1杯

作り方

1 なすはヘタを落として1cm角に切ります。塩を振って10分ほどおき、しんなりとしたら、キッチンペーパーで水気を拭き取ります（このとき、なすをしぼらないようにします）。セロリ、玉ねぎも同じ位の大きさに切ります。トマトは湯むきし、ざく切りにします。にんにくはタテ半分に切り、芯を取り除きます。

2 鍋にオリーブ油をひき、なす、セロリ、玉ねぎ、にんにくを入れて中火にかけ、しんなりとするまで炒めます。

3 トマトを加え、フタをして弱めの中火にし、10分ほど煮ます。

4 仕上げにバルサミコ酢とパセリを加え、ひと混ぜして火を止めます。

※味をみて、うすいようなら塩を加えてととのえます。

コラム

簡単、炊き込みご飯の素

お米と一緒に炊くだけで、具だくさんのご飯ができる、便利な作り置き。おべんとうをバラエティ豊かにし、おかずが少なめのときの助けにもなります。

136 きのこと揚げの炊き込みご飯の素

冷蔵2~3日 冷凍2カ月

材料（2合分）

- 油揚げ…1枚
- 舞茸…1パック
- にんじん…$\frac{1}{3}$本
- A［・ダシ…カップ$\frac{1}{2}$杯 ・しょう油…大サジ1杯 ・日本酒…大サジ1杯 ・塩…小サジ$\frac{1}{3}$杯強］

作り方

1 油揚げは短辺を半分に切り、端から細切りにします。舞茸は適当な大きさにほぐし、にんじんは2cm長さの太めのせん切りにします。

2 鍋に1とAを入れて中火にかけます。煮立ったら弱めの中火にし、ときどき混ぜながら、煮汁がほとんどなくなるまで煮ます。粗熱が取れたら保存用ポリ袋に移します。

137 豚キムチの炊き込みご飯の素

冷蔵2~3日 冷凍2カ月

材料（2合分）

- 白菜キムチ、豚小間切れ肉…各100g
- ごま油、しょう油、みりん…各大サジ1杯

作り方

1 キムチは粗みじんに刻み、豚肉は2cm長さに切ります。小さめのフライパンにごま油をひいて中火にかけ、キムチを入れて、香りが出るまで炒めます。

2 豚肉を加えて炒め、肉がほぐれたらしょう油とみりんを加え、汁気がほとんどなくなるまで炒めます。粗熱が取れたら保存用ポリ袋に移します。

※ご飯を炊いたあと、春菊3~4本分の葉（軽く塩ゆでして3cm長さ位に切る）を加えます。

138 鶏とごぼうの炊き込みご飯の素

冷蔵1日 冷凍2カ月

材料（2合分）

- 鶏もも肉…100g
- ごぼう…$\frac{1}{2}$本
- A［・しょう油、日本酒…各大サジ1杯 ・みりん…小サジ1杯 ・塩…小サジ$\frac{1}{3}$杯］

作り方

1 鶏肉は1cm角に切り、たっぷりの湯で1分ほどゆでてザルに上げます。ごぼうはささがきにし、水にさっとさらして水気をきります。

2 ボールに1とAを入れて混ぜ合わせ、保存用ポリ袋に移します。

※ご飯を炊いたあと、ゆでたグリーンピース大サジ2杯を加えます。

炊き込みご飯の炊き方（3種共通）

1 米2合は洗って炊飯器に入れ、ふつうの水加減にして30分浸水させ、炊き込みご飯の素をのせて炊きます。

※冷凍の場合、凍ったままで。夏場は前夜にセットするのは避けます。

2 炊き上がったら、軽く混ぜてほぐします。

きのこと揚げの炊き込みご飯

豚キムチの炊き込みご飯

鶏とごぼうの炊き込みご飯

139 こんにゃくのおかか煮

しっかりとした食感とおかかの風味を楽しめます。

冷蔵3~4日

材料（作りやすい分量）
- こんにゃく…1枚
- かつおぶし（うす削りで細かいもの）…大サジ1杯強

A［・ダシ…カップ3/4杯
- しょう油…大サジ1杯強
- みりん…大サジ1杯］

作り方

1 こんにゃくは食べやすい大きさに手でちぎります。鍋に入れ、かぶる位の水を加えて、強火にかけます。

2 煮立ったら、こんにゃくをザルに上げます。鍋をさっと洗い、こんにゃくとAを入れて中火にかけ、煮汁がほとんどなくなるまで煮ます。

3 別の鍋にかつおぶしを入れて弱めの中火にかけ、焦がさないように注意して軽く炒ります。火から下ろし、手で揉んで粉ぶしにします。2に加えてまぶします。

140 れんこんのケチャップ煮

意外な組み合わせですが、絶妙なおいしさです。

冷蔵3~4日 冷凍2週間

材料（作りやすい分量）
- れんこん…1節（300g）
- トマトケチャップ…大サジ2杯
- しょう油…大サジ1/2杯
- サラダ油…小サジ2杯
- 水…カップ1/2杯

作り方

1 れんこんは皮をむき、ひと口大の乱切りにします。水（分量外）に5分ほどさらし、ザルに上げます。

2 フライパンにサラダ油をひいて中火にかけ、れんこんを入れて、少し透き通るまで炒めます。

3 トマトケチャップ、しょう油、水を加え、水分がほとんどなくなるまで煮ます。好みよりかたければ、水を足してさらに煮ます。

141 さつまいものレモン煮

蜜のあと味がさわやか。彩り鮮やかなひと品です。

冷蔵 4~5日　冷凍 2週間

材料（作りやすい分量）
- さつまいも…1本（350g）
- クチナシの実（色づけ）…$\frac{1}{2}$コ
- レモン…1コ
- 砂糖…150g

作り方
1. さつまいもは皮つきのまま7㎜厚さの輪切りにし、大きければ半月切りか、いちょう切りにします。水に5分ほどさらし、ザルに上げます。
2. 鍋に1を入れ、かぶる位の水、ガーゼに包んだクチナシの実を加え、中火にかけます。煮立ったら火を止め、粗熱が取れるまでおいてクチナシを取り出し、湯をきります。
3. レモンは輪切り3~4枚分を半月切りにし、残りはしぼります。レモンとしぼり汁を鍋に入れ、水カップ1$\frac{1}{2}$杯、砂糖を加えて中火にかけ、砂糖を溶かします。2を加え、ひと煮立ちしたら弱火にし、少しかために煮ます。

142 にんじんグラッセ

少し甘めの味つけで、ツヤツヤと煮上げます。

冷蔵 4~5日　冷凍 3週間

材料（作りやすい分量）
- にんじん…2本
- A［・砂糖…大サジ1杯 ・有塩バター…小サジ2杯 ・塩…小サジ$\frac{1}{3}$杯 ・水…カップ$\frac{3}{4}$杯］

作り方
1. にんじんは皮をむき、太ければタテ2つ~4つに切ってから、2㎝厚さに切ります。
2. 鍋に1とAを入れ、落としブタをして中火にかけます。
3. 煮立ったら弱めの中火にし、汁気がほとんどなくなるまで15分ほど煮ます。落としブタを取り、鍋をゆすりながら汁気を煮からめます。

143 洋風ピクルス

本格派の味わいが、電子レンジで作れます。

冷蔵1週間

材料（作りやすい分量）
・セロリ、きゅうり、玉ねぎ…合計200g
A［・酢…カップ1/4杯
・砂糖…大サジ1 1/2杯
・塩…小サジ2/3杯
・黒粒コショー…5～6粒
・ローリエ…1/2枚（または小1枚）
・水…大サジ1 2/3杯］

作り方
1 セロリ、きゅうり、玉ねぎは、食べやすい大きさと形に切ります。
2 耐熱ボールにAを入れてよく混ぜ合わせ、砂糖と塩を溶かします。1を加えて混ぜ、ラップをし、電子レンジに3分かけます。
3 ラップを外してひと混ぜし、ラップを材料に密着するように落とし入れます。粗熱が取れたら完成です。

144 中華風ピクルス

ごま油の風味豊か。食感も抜群です。

冷蔵1週間

材料（作りやすい分量）
・白菜（芯の部分）…200g
A［・唐辛子…1本 ・しょうが（せん切り）…うす切り2枚分 ・酢…大サジ2杯 ・ごま油、砂糖…各大サジ1杯 ・塩…小サジ2/3杯］

作り方
白菜は長さ3～4cmに切り、センイにそって1cm幅に切ります。上記の洋風の手順2、3と同様にして仕上げます。

145 和風ピクルス

根菜にダシのうま味がしみています。

冷蔵1週間

材料（作りやすい分量）
・大根、にんじん、れんこん、みょうが…合計200g
A［・ダシ…カップ1/2杯 ・酢…カップ1/4杯 ・しょう油…大サジ2杯 ・塩…小サジ1/2杯］

作り方
大根、にんじんは1cm角の棒状に、みょうがはタテ4つに切ります。れんこんは7mm厚さのいちょう切りにし、水にさらします。上記の洋風の手順2、3と同様に仕上げます。

146 カリフラワーのカレーピクルス

冷蔵1週間

カリフラワーはかためにゆで、食感を生かします。

材料（作りやすい分量）

- カリフラワー…1/2コ
- うずらの玉子…10コ
- 塩…適量
- A［・酢、水…各カップ1/2杯
- 砂糖…大サジ3杯
- 塩…小サジ1 1/2杯
- カレー粉…小サジ1杯］

作り方

1 カリフラワーは小房に分け、かために塩ゆでしてザルに上げます。うずらの玉子は水とともに鍋に入れて強火にかけ、煮立ったら中火にし、7分ゆでます。水に取ってカラをむきます。

2 鍋にAを入れて強火にかけ、混ぜながらひと煮立ちさせます。粗熱が取れたら、カリフラワーとうずらのゆで玉子を合わせ、一晩おきます。

147 トマトのハチミツビネガー漬け

冷蔵1週間

清涼感のある甘酸っぱさ。箸休めに。

材料（作りやすい分量）

- ミニトマト…1パック
- A［・酢、水…各カップ1/4杯
- 砂糖…大サジ4杯
- ハチミツ…大サジ1杯
- ローリエ…1/2枚（または小1枚）
- 黒粒コショー…5～6粒］

作り方

1 ミニトマトはヘタを取り、皮に軽く切り込みを入れます。熱湯に入れ、すぐに引き上げて冷水に取り、皮をむきます。

2 ボールでAをよく混ぜ合わせて砂糖を溶かし、ミニトマトを加えます。ラップをトマトに密着するように落とし入れ、冷蔵庫で一晩おいて出来上がりです。

148 五目豆

水煮の大豆を使ってスピーディーに煮上げます。

冷蔵4~5日　冷凍3週間

材料（作りやすい分量）
・大豆（水煮）…360g　・昆布…12×5cm　・干し椎茸…1~2枚　・にんじん…1/2本　・れんこん…50g　・ごぼう…1/4本　・砂糖…大サジ2杯　・しょう油…大サジ1杯　・塩…小サジ2/3杯　・水…カップ1杯

作り方

1 昆布は分量の水に浸し、柔らかくなったら1cm角に切ります。もどした干し椎茸、にんじん、れんこんも1cm角位に切ります。ごぼうは、太ければタテ半分に切ってから5mm厚さに切り、水にさっとさらします。

2 鍋に、昆布を浸した水、砂糖、1の具材を入れ、フタをして中火にかけ、具材が柔らかくなるまで煮ます。大豆を電子レンジで3分ほど温めてから汁気をきって加え、しょう油、塩も加えて、10分ほど煮ます。

149 豆マリネ

紫玉ねぎの辛味が効いた、さっぱりとした味わい。

冷蔵3~4日　冷凍2週間

材料（作りやすい分量）
・ひよこ豆（水煮）…100g
・紫玉ねぎ…1/8コ
A［・イタリアンパセリ（またはパセリ・みじん切り）…小サジ2杯分
・酢…小サジ2杯
・オリーブ油…小サジ2杯
・塩…小サジ1/4杯
・コショー…少々］

作り方

1 紫玉ねぎはセンイを断ってうす切りにします。ボールでAを混ぜ合わせ、紫玉ねぎを加えます。

2 ひよこ豆は耐熱ボールに入れてラップをし、電子レンジで1分温め、汁気をきります。温かいうちに1に入れ、よく和えます。

150 金時豆の甘煮

もどさず使える金時豆を、好みの甘さで煮ます。

冷蔵4~5日
冷凍1カ月

材料（作りやすい分量）
・金時豆（乾燥）…250g
・砂糖…150~200g
※好みで分量を調節する。
・塩…小サジ1/2杯

作り方
1 金時豆は洗って鍋に入れ、たっぷりの水を加えて中火にかけます。沸いたら1~2分ゆでてザルに上げ、さっと流水で洗って水をきります。
2 厚手の鍋に1とかぶる位の水を入れて中火にかけます。煮立ったら落としブタをして弱火にし、さらにフタをして、豆が柔らかくなるまで1時間30分~2時間ほど煮ます。
※途中でゆで汁が少なくなったら湯を加えますが、手順3で砂糖を加えるときに、汁がヒタヒタになる位に加減します。
3 砂糖と塩を加えて20分ほど煮ます。一晩おいて味をなじませます。

151 ピーナッツみそ

甘じょっぱく香ばしい、おやつ感覚のひと品です。

冷蔵3週間

材料（作りやすい分量）
・ピーナッツ（素炒りで塩のついていないもの）…60g
・みそ…50g
・砂糖…60g
・日本酒…大サジ1杯

作り方
1 ピーナッツは、うす皮がついている場合は取り除きます。小鍋にみそ、砂糖、日本酒を入れて中火にかけ、砂糖が溶けてツヤが出るまで、耐熱性のゴムベラなどで練ります。
※冷めるとかたくなるので、少し柔らかめに練りましょう。
2 ピーナッツを加えて混ぜ、火を止めます。

知っておきたいおべんとう作りのポイント2

作り置きおかずの注意点や活用法、じょうずなカロリーオフの方法をご紹介します。

◎作り置きおかずのコツ

安全に保存するために

保存容器はよく洗って乾かした清潔なものを使い、移し替える箸はおかずごとに取り替えます。保存中のおかずは、なるべく常温に置かないことがポイント。小分けで保存すると、使わない分は冷蔵庫から出さずに済み、使い勝手もよくなります。

煮豆や水気の少ない野菜のおかずはアルミカップによそい、煮ものなど量の多いものはラップで包み、金属製のバットに置いて冷凍庫に入れると、短時間で冷凍できます。凍ったら、早めに密閉容器や冷凍保存用ポリ袋に移し、品名と日付を記します。

詰める前に「煮返して」殺菌

肉や魚の作り置きおかずをおべんとう箱に詰めるときは、衛生面から、必ず「煮返す」ひと手間をかけます。使う分量を鍋に移して（汁気が少ない場合は水を足して）火にかけ、食材の中心温度が75℃以上になってから1分以上、しっかり煮立たせて殺菌。完全に冷ましてから詰めます。

または電子レンジを使ってもよく、温度設定ができる機種なら、75℃以上で1分以上加熱。食材の中心まで75℃に達しない場合もあるので、一度レンジにかけてから様子を見て、再びかけると安心です。崩れやすい具材は電子レンジで煮返しましょう。

おいしく食べきるには

おべんとうはもちろん、夕食にも活用できる作り置きのおかずは、常に何種類かストックがあるように作ると便利です。前日の夕食のおかずと同じものがおべんとうに入っていると飽きてしまいますが、保存性が高い作り置きのおかずなら、日にちを空けて詰めることができます。また、作り置きならではの味がなじんだおいしさも楽しめます。食べ忘れを防ぐために、保存期限を書いた「作ったものリスト」を冷蔵庫に張っておくとよいでしょう。

困ったときのヒント

寝過ごしたり、めぼしい食材がなかったり……そんなときも、作り置きは役立ちます。たとえば61頁のタレを使ってソテーや炒めものを作れば、手間も時間もかからず、簡単に味が決まります。62頁の鶏そぼろと64頁のふりかけ2種をご飯にのせれば、写真のような3色べんとうに。サーモンの焼きほぐしを具におにぎりを結んでもよいですし、無理をせず、気楽な心もちで、おべんとう作りを続けましょう。

（脇 雅世さん）

◎カロリーオフのポイント

魚焼きグリルを活用

しっかり予熱した魚焼きグリルは約300℃に達し、オーブンと同様に焼き料理に使えます。ハンバーグなどの肉料理なら、油を少量しか使わないうえに、食材から余分な油が落ちるという効果も得られます。前日に作ったソテーや揚げものなどを焼いても、油が落ち、より香ばしくなって、目先の変わったおかずに変身。また、ブロッコリーなどは、買った日に1株ゆでて冷蔵保存するのがおすすめですが、ゆでて2日目以降はグリルで焼いてみましょう。油や調味料を使わずに、香ばしい風味のひと品に生まれ変わります。

糖分、塩分もじょうずに減らす

身体のことを考えると、油のほか、糖分や塩分も無理なく控えたいもの。その一助となるのが、調味料を加える順序として昔から伝わる「さしすせそ」の法則です。「さ」＝砂糖の分子の大きさを石にたとえるなら、「し」＝塩の分子は砂の細かさであり、塩、砂糖の順に加えると、食材の〝隙間〟を塩の分子が埋めてしまい、あとから砂糖の分子が入りにくくなります。そんなことから、まずは砂糖、次に塩という順序で加えることで、砂糖も塩も、少量で味が決まりやすくなるという法則を覚えましょう。

また煮ものの場合、土鍋やセラミック鍋など、遠赤外線を出す鍋を活用するのもひとつの手です。遠赤外線効果で素材のうま味が引き出され、控えめな味つけでおいしくいただけます。なお、煮ものは冷めるときに味がしみ込むので、うす味で作っても、2日目以降はおべんとうのおかずに最適。さらにグリルなどで焼くと、味が濃縮されます。

ヘルシーな部位を生かす

カロリーが低い肉の部位には、豚ヒレ肉、鶏むね肉、牛ではスネ肉やもも肉などがありますが、ヘルシーかつおいしく味わうために、適した調理法を知りましょう。

たとえば、豚ヒレ肉をソテーする場合、冷めてもしっとりと柔らかく味わえるよう、日本酒などでマリネしてから焼きます。なお、豚肉は脂が溶ける温度が28～48℃と低いので、他の部位でも、ゆでるなどの加熱調理で脂分を大幅にカットすることができます。

鶏の煮込み料理には、長時間加熱するとパサつきがちなむね肉より、もも肉が好適ですが、カロリーを抑えるためには、皮や脂身をていねいに取り除くことが大切です。ひき肉は、ものによっては脂身が多い場合もあるので、店で赤身との割合を確認するとよいでしょう。

日々、地道にオイルカット

揚げものの衣やフライパンなどに、少量の油をムラなく吹きつけるオイルスプレーは、油を控えるのに重宝する道具です。揚げものに使う薄力粉も、うすくつけるほうが油の吸収量を抑えられます。茶漉しのほか、メッシュ状の振り口がついた粉振りボトルを使ってもよいでしょう。

また、焼いたり揚げたりしたものを不織布のキッチンペーパーで包み、余分な油を吸い取ることもおすすめです。微量なオイルカットではありますが、毎日地道に積み重ねたいひと手間です。

（松田美智子さん）

写真　川村 隆

おいしくて、ヘルシー カロリーオフおかずのおべんとう

松田美智子さんの考える素材を味わうおかず

料理　松田美智子　写真　川村 隆
エネルギー量計算　川村学園女子大学生活文化学科准教授　大坂佳保里

豚の梅しょうが焼きべんとう

マリネして焼いた柔らかな豚ヒレ肉に、塩玉子、濃厚なごま和え、
噛みごたえのある五穀ご飯。満足感の高い組み合わせです。

●豚ヒレしょうが焼き 梅風味 97頁
梅干し入りのマリネ液に漬けて、うま味も深く仕上がります。

●塩玉子 107頁
花椒と八角が香る、作り置きにも適したひと品。

528 kcal

○五穀ご飯 105頁
小盛りで充分な腹もちのよさ。

●ほうれん草のごまみそ和え 110頁
すりごまがたっぷり。水気も抑えてくれます。

カロリーオフのおべんとうに大切なのは、何より、おいしいこと。わたしがこれからご紹介するのは、油分や糖分、塩分が控えめで、素材の持ち味が生きたおかずです。うす味の煮ものをグリルで香ばしく焼いたものや、噛みごたえがあってうま味がしみ出す、干し椎茸の煮ものやたたきごぼう――。煮ものを焼くなら、前日の夕食の煮ものを使うと手間もなく、味がしみていておいしいですね。調味料の濃い味つけで食べるより、素材を噛みしめて味わったほうがゆっくりと食べられ、同じ量でも満足感が得られるように思います。

そして「素材の持ち味」は、その素材に適した最小限の手間を加えてシンプルに引き出します。牛肉を粗みじんにし、つなぎなしで丸めて焼くだけのハンバーグは、牛肉本来のうま味が味わえる。ご飯なら、上質な油を少量加えて炊くことで、冷めてもふっくらとおいしい。素材を見つめ、知恵を使って、身体に無理のない、おいしくてヘルシーなカロリーオフを目指してほしいと思います。

カロリーオフおかずの詰め合わせ見本

88〜115頁でご紹介する、カロリーオフおかずの詰め合わせ例をご紹介します。カロリーが高めなご飯は、食べごたえのある雑穀入り（105頁）にし、量を控えめに。いずれも、総量600キロカロリー以下になる組み合わせです。

499 kcal

グリル料理 メイン

豚団子べんとう

煮込み豚団子のグリル 90頁
きゅうりの梅和え 111頁

黒米入りご飯 105頁
にんじんのごま和えサラダ 114頁

503 kcal

グリル料理 メイン

グリルハンバーグべんとう

牛もも肉のグリルハンバーグ 88頁
もちきび入りご飯 105頁

ほうれん草のごまみそ和え 110頁
野菜のグリル 108頁

429 kcal

グリル料理 メイン

みそ鶏べんとう

鶏むね肉のみそ焼き 91頁
じゃがいものさっと炒め 108頁

五穀ご飯 105頁
モロッコいんげんの漬け焼き 115頁

561 kcal

グリル料理 メイン

豆腐挟み焼きべんとう

豆腐の挟み焼き 89頁
キャベツのめんたい和え 110頁

発芽玄米入りご飯 105頁
糸こんにゃくのおかか炒め 112頁

526 kcal

グリル料理 メイン

ハーブ鮭べんとう

干し椎茸のうま煮 113頁
鮭のハーブマリネグリル 91頁

黒米入りご飯 105頁
モロッコいんげんの漬け焼き 115頁

386 kcal

グリル料理 メイン

はんぺん＆おからべんとう

はんぺんミルフィーユ焼き 89頁
キャベツのめんたい和え 110頁

もちきび入りご飯 105頁
おからのマリネ風サラダ 114頁

- メインおかず
- サブおかず
- 付け合わせ
- その他

• 84〜87頁のカロリー値は、1人分のおべんとうの総量（ご飯の分量は100〜110ｇ）を表記しています。
• おべんとうはメインおかずのカテゴリーごとに分類しています。

フライパン料理 メイン
425 kcal

エスニック 豚焼きべんとう

豚ヒレしょうが焼き ナムプラー風味 97頁
塩玉子 107頁
発芽玄米入りご飯 105頁
赤ピーマンのきんぴら 113頁

フライパン料理 メイン
540 kcal

肉巻き＆和えものべんとう

ほうれん草のごまみそ和え 110頁
かまぼこの海苔和え 111頁
キャベツの肉巻き 94頁
もちきび入りご飯 105頁

グリル料理 メイン
537 kcal

鮭べんとう 玉子焼き添え

発芽玄米入りご飯 105頁
鮭のハーブマリネグリル 91頁
雷豆腐の玉子焼き 106頁
野菜のグリル 108頁

フライパン料理 メイン
383 kcal

麹しょうが焼きべんとう

豚ヒレの麹しょうが焼き 96頁
もちきび入りご飯 105頁
キャベツのめんたい和え 110頁

フライパン料理 メイン
527 kcal

エビの油揚げ巻きべんとう

黒米入りご飯 105頁
エビの油揚げ巻き焼き 95頁
にんじんのごま和えサラダ 114頁
大豆のにんにくみそ風味 112頁

グリル料理 メイン
316 kcal

筑前煮＆おからべんとう

焼き筑前煮 92頁
おからのマリネ風サラダ 114頁

フライパン料理 メイン
551 kcal

梅豚焼きべんとう オムレツ添え

豚ヒレしょうが焼き 梅風味 97頁
切干大根入りオムレツ 107頁
黒米入りご飯 105頁
糸こんにゃくのおかか炒め 112頁

フライパン料理 メイン
410 kcal

カレーバーグべんとう

赤ピーマンのきんぴら 113頁
発芽玄米入りご飯 105頁
簡単カレー風味バーグ 95頁

グリル料理 メイン
444 kcal

焼きコロッケべんとう

五穀ご飯 105頁
干し椎茸のうま煮 113頁
じゃがいもの焼きコロッケ 93頁

● メインおかず　● サブおかず　● 付け合わせ　○ その他

457 kcal

蒸しもの メイン

ガランティーヌべんとう

● 厚揚げと干しエビの煮もの 109頁

● 鶏のガランティーヌ風 102頁

● 糸こんにゃくの おかか炒め 112頁

○ 発芽玄米入り ご飯 105頁

500 kcal

フライパン料理 メイン

西京ムニエルべんとう

● タラの西京漬け風 ムニエル 99頁

○ 五穀ご飯 105頁

● モロッコいんげんの 漬け焼き 115頁

● 厚揚げの トマト炒め煮 109頁

402 kcal

フライパン料理 メイン

ささ身巻きべんとう

● じゃがいものさっと炒め 108頁

● アスパラの ささ身巻き 98頁

● 干し椎茸のうま煮 113頁

503 kcal

蒸しもの メイン

トロトロ牛スネべんとう

● 牛スネ肉とザーサイの 蒸しもの 103頁

● 厚揚げのトマト 炒め煮 109頁

● 野菜の グリル 108頁

380 kcal

煮もの メイン

ごぼう煮&糸こんべんとう

● 鶏もも肉とごぼうの 麹煮込み 101頁

● きゅうりの 梅和え 111頁

○ 黒米入りご飯 105頁

● 糸こんにゃくの おかか炒め 112頁

374 kcal

フライパン料理 メイン

じゃがいも 牛巻きべんとう

○ 五穀ご飯 105頁

● きゅうりの梅和え 111頁

● じゃがいもの牛もも肉巻き 98頁

554 kcal

蒸しもの メイン

シュウマイべんとう

● 豚ひき肉とエビのシュウマイ 104頁

● 雷豆腐の玉子焼き 106頁

○ 五穀ご飯 105頁

● かまぼこの海苔和え 111頁

589 kcal

煮もの メイン

ごぼう煮&オムレツべんとう

● 鶏もも肉とごぼうの 麹煮込み 101頁

○ 五穀ご飯 105頁

● 切干大根入り オムレツ 107頁

● にんじんのごま和え サラダ 114頁

585 kcal

フライパン料理 メイン

う巻きべんとう

● モロッコいんげんの 漬け焼き 115頁

● う巻き玉子 100頁

● たたきごぼう 115頁

○ 黒米入りご飯 105頁

カロリーオフのおかずレシピ集

脂肪の少ない肉の部位を使い、そのおいしさを引き出すアイデア。余分な油をカットする方法。そんな、工夫のあるレシピをご紹介します。

152 牛もも肉のグリルハンバーグ

175kcal

牛肉のうま味を楽しめる、ステーキのようなひと品。脂身や油は控えめで、簡単に作れるのも魅力です。

材料（2人分）
- 牛もも肉（切り落とし）…150g

※もも肉は、脂肪が少なめでも柔らかなのでおすすめです。
- 塩…小サジ1/4杯
- 黒コショー、ナツメグ…各少々
- サラダ油…小サジ1杯
- 粒マスタード（添える）…適量

作り方

1　牛肉は1cm角位の粗みじんに切ります。ボールに入れ、塩、黒コショー、ナツメグを加えて、粘りが出るまで手でよく練り混ぜます。

2　1を4等分にしてピンポン玉大に丸め、左右の手のひらでキャッチボールをするようにして、空気をしっかり抜きます。

3　焼きアミに油をうすく塗り（分量外）、2のハンバーグダネをのせ、肉の表面にもオイルスプレーで油をまんべんなく吹きつけます。予熱したオーブンまたは魚焼きグリルに入れ、表面に軽く焼き色がつき、中に火が通るまで焼きます。

※オーブンの場合、250℃で5分ほど、魚焼きグリルの場合、中火で8〜10分ほどがめやす。

- 88〜115頁のカロリー値は、1人分で表記しています。
- サラダ油は、香りのうすい油であれば、グレープシードオイルや太白ごま油などでも結構です。

153 豆腐の挟み焼き

297 kcal

豆腐の味が凝縮され、食べごたえがあります。

材料（1人分）

・木綿豆腐…1丁 ・薄力粉、サラダ油…各適量 ・塩…少々

A［・鶏ひき肉（むね）…50g ・長ねぎ（みじん切り）…1/4本分 ・かいわれ大根…1/2パック ・塩昆布（細切り）…3g］

作り方

1 かいわれ大根は根元を落として長さを4等分にし、そのほかのAの材料と、手でよく混ぜ合わせます。

2 豆腐はキッチンペーパーで包んでまな板2枚で挟み、1～2時間水きりします。半分の厚さに切り、間に1を挟みます。バットに薄力粉をうすく振り、豆腐をのせ、上から薄力粉を振ります。蒸気の立った蒸し器に入れ、中火で15分ほど蒸します。

3 魚焼きグリルのアミに油をうすく塗り、2をのせ、焼き色がつくまで焼きます。塩を軽く振ります。

154 はんぺんミルフィーユ焼き

123 kcal

低カロリーで高たんぱくな、はんぺんを生かします。

材料（2人分）

・厚めのはんぺん…1枚 ・白菜…100g ・鶏ひき肉（むね）…50g ・赤ピーマン…1/2コ ・にんにく（みじん切り）…小サジ1/4杯分 ・サラダ油…小サジ1杯 ・ウスターソース（添える）…適量 ・塩

作り方

1 白菜は、葉はセンイを断って細切りに、芯は2cm長さに切ってセンイにそってうす切りにし、塩2つまみを振ります。赤ピーマンはヘタと種を取り除いてヨコにうす切りにし、塩1つまみを振ります。どちらも10分ほどおいて水気をよくしぼり、ひき肉、にんにくと混ぜ合わせます。

2 はんぺんは厚さ3等分に切り、切り口に薄力粉（分量外）をうすく振って1を挟みます。対角線で4等分に切って表面に油を塗り、オーブントースターで6分ほど焼きます。

155 煮込み豚団子のグリル

おいしいダシ汁をたっぷり煮含めた肉団子。れんこんの歯触りと、深い味わいを楽しめます。

221 kcal

材料（2人分）

- 豚ひき肉…150g
- れんこん…30g
- 長ねぎ（みじん切り）…$\frac{1}{4}$本分
- しょうが（みじん切り）…小サジ1杯分
- 梅干し…小1コ
- ダシ…カップ$1\frac{1}{2}$杯
- 日本酒
- 三温糖…大サジ$\frac{1}{2}$杯
- うす口しょう油…小サジ$\frac{1}{2}$杯
- サラダ油…適量
- 白炒りごま、柚子の皮（せん切り）、一味唐辛子…各適宜

作り方

1 れんこんは皮をむき、5㎜角位に切ります。

2 ボールに、ひき肉、れんこん、長ねぎ、しょうが、日本酒大サジ1杯を入れ、手でよく練り混ぜ、6等分にして団子状に丸めます。

3 小鍋にダシと梅干しを入れて強火にかけます。煮立ったら中火にし、日本酒大サジ2杯、三温糖、2の肉団子を加え、少しずらしてフタをします。コトコトと静かに煮る火加減に調節します。

4 アクと油が出たらすくい、10分ほど煮てから、うす口しょう油を加えます。味をみてうすければ、三温糖やうす口しょう油を加えてととのえます。肉団子を煮汁に浸した状態で一晩おきます。

5 魚焼きグリルのアミに油をうすく塗り、汁気をきった肉団子をのせ、軽く焼き色がつくまで焼きます。好みで、炒りごま、柚子の皮、一味唐辛子をのせます。

※手順4の段階まで前夜に作っておき、翌朝のおべんとう作りのときに焼きます。多めに作り、おいしいダシ汁で野菜と一緒に煮込んで夕食のおかずにし、残りをおべんとう用にしてもよいでしょう。

156 鶏むね肉のみそ焼き

香ばしく焼いたみそが、淡白な肉を濃厚な風味に。

105 kcal

材料（2人分）
- 鶏むね肉…1/2枚
- あさつき…2本
- 日本酒…大サジ1/2～1杯
- みそ…小サジ1杯
- 薄力粉、サラダ油…各適量

作り方

1 みそに日本酒を少しずつ加えて溶き混ぜ、鶏肉に塗りやすい濃度にします。

2 鶏肉は皮と脂身をていねいに取り除き、センイにそってそぐように切れ目を入れて開き、厚みをそろえます。肉の両面に茶漉しで薄力粉をうすく振り、片面に1を塗ります。

3 魚焼きグリルのアミに油をうすく塗り、2をのせ、両面に焼き色がつくまで焼きます。あさつきは根元を落とし、5～6cm長さに切って添えます。

157 鮭のハーブマリネグリル

タイムの香味が鮭のうま味を引き立てます。

249 kcal

材料（2人分）
- 生鮭（切り身）…2切れ

※尾の部位が食べやすくおすすめ。外国産のサーモンを使っても。
- サラダ油…適量

A［
- タイム（フレッシュ）…1枝
- レモン汁、オリーブ油…各大サジ1杯
- フレンチマスタード…小サジ1杯
- 塩…小サジ1/2杯
- 白コショー…少々］

作り方

1 鮭は余分な水分を拭き取り、1切れを半分に切ります。タイムは長さ4等分に切り、そのほかのAの材料と混ぜ合わせます。鮭を入れてからめ、冷蔵庫で一晩おきます。

2 魚焼きグリルのアミに油をうすく塗り、タイムをのせた1を並べ、両面に焼き色がつくまで焼きます。

158 焼き筑前煮

前夜の筑前煮を焼いて、おべんとうのおかずに。根菜とこんにゃくが、味をしっかり含んでいます。

103 kcal

材料（4人分）
- こんにゃく、れんこん…各150g
- ごぼう…15cm
- 油揚げ…$\frac{1}{4}$枚
- にんじん（あれば京にんじん）…30g
- しょうが（みじん切り）…小サジ1杯分
- 絹さや…5枚
- ダシ…カップ1杯
- 日本酒…大サジ3杯
- うす口しょう油…大サジ$1\frac{1}{2}$杯
- ごま油…大サジ1杯
- 三温糖…大サジ$\frac{1}{2}$杯
- 塩

作り方

1 こんにゃくはくさみと水分を抜くため、塩小サジ1杯をすり込み、水気が出るまでよく揉みます。鍋に水とともに入れて中火にかけ、沸いてから20〜30分ほどゆでて水洗いします。スプーンで小さめのひと口大にちぎり、再び洗ってザルに上げます。強めの中火にかけた鍋でカラ炒りし、キュンキュンと鳴るまでしっかり水分をとばします。

2 ごぼうはよく洗い、スがあれば取り除いて小さめの乱切りにします。れんこんは皮をむいてタテ4つに切り、小さめの乱切りにします。にんじんは皮つきのまま、ごぼうよりひと回り小さい乱切りにします。油揚げは油抜きし、粗みじんに切ります。

3 鍋を中火にかけてごま油をひき、油が温まらないうちにしょうがを入れて炒め、香りを立たせます。にんじんと絹さや以外の具材を炒め合わせ、三温糖を加えて照りが出るまで炒めたら、日本酒とダシを加えます。フタをせずに5分ほど煮ます。

4 うす口しょう油、にんじんを加えます。1〜2分ほど煮て火を止め、余熱で火を通します。

5 アルミホイルに竹串で数カ所穴を開け、汁気をきった4をのせて、魚焼きグリルで焼き色がつくまで焼きます。絹さやは端を落としてさっと塩ゆでし、3等分にして添えます。

159 じゃがいもの焼きコロッケ

191 kcal

ウスターソースがしみたじゃがいもの深い味わい、サクッと焼いた、うすい衣の食感が抜群です。

材料（4人分）
- じゃがいも（メークイン）…3コ
- 鶏むね肉…50g
- 玉ねぎ…1/4コ
- さやいんげん…4本
- 生パン粉（フードプロセッサーで2度挽きする）…カップ1杯強
- 玉子…1コ　•牛乳…大サジ2杯
- ウスターソース…カップ1/4杯
- オリーブ油
- 白ワイン…大サジ2杯
- 塩、コショー、薄力粉…各適量

作り方

1 じゃがいもは皮つきのまま、鍋に水とともに入れて強火にかけます。沸いたら弱火にし、少しずらしてフタをし、竹串がスッと通る位までゆでます。ザルに上げ、熱いうちに皮をむいて粗くつぶします。

2 玉ねぎはみじん切りに、さやいんげんはうすい小口切りにします。鶏肉は1cm角位に切ります。

3 鍋を中火にかけてオリーブ油大サジ1杯をひき、玉ねぎと鶏肉を入れて炒めます。玉ねぎが透き通って少し色づく位に火が通ったら、塩・コショー、白ワイン、ウスターソースを加えて混ぜ合わせます。火を止めて、さやいんげんを加えます。

4 ボールに1と3を入れてヘラなどで混ぜ合わせ、8等分にして俵型に形を整えます。薄力粉をうすく、まんべんなく茶漉しでまぶします。

※じゃがいもが温かいうちに混ぜると、味がなじみます。手順1でゆでる間に、手順2、3を進めましょう。

5 ボールに玉子を割り入れてカラザを取り除き、菜箸で切るようによく溶いて、牛乳を加えて混ぜます。4を玉子液にくぐらせ、パン粉をまんべんなくつけ、さらにオイルスプレーでオリーブ油大サジ1/2杯を全体に吹きつけます。オーブントースター、または両面焼きの魚焼きグリルに入れ、焼き色がつくまで焼きます。取り出してキッチンペーパーにのせ、余分な油を吸わせます。

160 キャベツの肉巻き

具のキャベツをオイスターソースで味つけした、うま味と満足感のあるひと品です。

204 kcal

材料（2人分）

- 豚ロース肉（うす切り・しゃぶしゃぶ用）…6枚
- キャベツの葉…4枚
- 生パン粉…大サジ2杯
- オイスターソース…大サジ1杯
- 薄力粉…適量
- 塩…小サジ1/2杯
- 白コショー…少々
- ごま油…大サジ1/2杯

作り方

1　キャベツは芯を取り除き、センイを断って5㎜幅に切り、さらに半分の長さに切ります。ボールに入れ、塩を加えて手で揉みます。10分ほどおいて水気が出たら、よくしぼります。生パン粉、オイスターソース、白コショーを加え、手で揉みながらしっかりと混ぜ合わせます。

2　豚肉はまな板にタテに2枚ずつ並べ（端を少し重ねてつなげる）、片面に薄力粉を茶漉しでうすく振ります。1のタネの1/3量を丸めて肉の手前側にのせ（a）、巻きながら、端を折り込んで包みます（b）。残りも同様に包みます。

3　2に、薄力粉を茶漉しでうすくまんべんなくまぶします。

4　フライパンを中火にかけてごま油をひき、しっかり熱してから、3の巻き終わりを下にして並べます。フタをして、ときどき転がしながら、全体に焼き色がつくまで蒸し焼きにします。半分の長さに切ります。

2-a

2-b

161 エビの油揚げ巻き焼き

油揚げを数分ゆでて、しっかり油を抜くのがコツ。

169 kcal

材料（2人分）

・油揚げ…1枚　・薄力粉…大サジ1/2杯　・白ワイン…大サジ2杯　・オリーブ油…大サジ1/2杯
A（手でよく練り混ぜておく）
［・小エビ（たたく）…80g　・長ねぎ（みじん切り）…1/4本分　・しょうが（みじん切り）…小サジ1杯分　・パルメザンチーズ、セミドライトマト（みじん切り）…各大サジ1杯　・塩、コショー…各少々］

作り方

1 油揚げはよく油抜きをし、4辺を切って2枚に開きます。内側の面に薄力粉を振り、Aをのばして巻き、ラップで包んで形を整えます。

2 フライパンにオリーブ油を弱めの中火で熱し、1の巻き終わりを下にして入れ、全体を焼きます。白ワインを加え、フタをして中火にし、転がしながら汁気がなくなるまで約5分焼きます。長さ半分に切ります。

162 簡単カレー風味バーグ

深みのあるおいしさのハンバーグが10分で作れます。

145 kcal

材料（2人分）

・合いびき肉…100g
・カレー粉…小サジ1杯
・しょう油…小サジ1杯
・塩、コショー…各少々
・オリーブ油…大サジ1/2杯

作り方

1 ボールに合いびき肉、カレー粉、しょう油、コショーを入れ、手でよく練り混ぜます。

2 フライパンを中火にかけてオリーブ油をひき、よく熱してから、1の全量を1.5cm厚さ位の円盤状にのばして入れます。片面に焼き色がついたら、ヘラで4つに切り分けて返し、もう片面もこんがりと焼きます。塩を軽く振ります。

163 豚ヒレの麹しょうが焼き

豚ヒレ肉が、麹の力でしっとりと柔らかに。肉と麹をこんがりと焼き、香ばしさも楽しみます。

156 kcal

材料（2人分）
- 豚ヒレ肉（ブロック）…150g
- 米麹（生）…大サジ$1\frac{1}{2}$杯
- しょうが（すりおろし）…小サジ1杯分
- 日本酒…大サジ2杯
- しょう油…大サジ$1\frac{1}{2}$杯
- ごま油…大サジ$\frac{1}{2}$杯

作り方

1 豚肉は脂身を取り除いて1cm厚さに切り、片面の全体に浅く切り込みを入れます。

2 バットに米麹、しょうが、日本酒、しょう油を入れて混ぜ合わせ、1を加えてからめます。15分ほど漬けます。

3 フライパンを中火にかけてごま油をひき、漬け汁を軽くきった2を入れ、フタをして蒸し焼きにします。肉の片面の色が変わったら返し、もう片面の色も変わったら、からめます。漬け汁をまわし入れて焼きからめます。肉と麹がこんがりと焼けたら、火を止めます。

2

164 豚ヒレしょうが焼き ナムプラー風味

132kcal

ナムプラーがうま味をぐっと深くします。

材料（2人分）
- 豚ヒレ肉（ブロック）…150g
- ごま油…大サジ1/2杯

A（混ぜ合わせておく）
［・しょうが（すりおろし）…小サジ1/2杯分
・日本酒…大サジ2杯
・ナムプラー…小サジ1杯
・塩、コショー…各少々］

作り方

1　豚肉は脂身を取り除いて1cm厚さに切り、片面の全体に浅く切り込みを入れます。Aをからめて15分ほど漬けます。

2　フライパンを中火にかけてごま油をひき、1を漬け汁ごと入れてフタをします。途中で返し、両面に焼き色がつくまで蒸し焼きにします。

165 豚ヒレしょうが焼き 梅風味

172kcal

梅干しは種ごと使うと風味が増します。

材料（2人分）
- 豚ヒレ肉（ブロック）…150g
- ごま油…大サジ1/2杯

A［・しょうが（すりおろし）…小サジ1杯分
・梅干し…小1コ
・日本酒…大サジ2杯
・ごま油…小サジ1/2杯］

作り方

1　豚肉は脂身を取り除いて1cm厚さに切り、片面の全体に浅く切り込みを入れます。

2　梅干しは果肉と種に分け、果肉は庖丁でたたいて細かくします。果肉と種をバットに入れ、そのほかのAの材料と混ぜ合わせ、1をからめて15分ほど漬けます。

3　上記のナムプラー風味の手順2と同様に焼き、種を除きます。

166 アスパラのささ身巻き

106 kcal

ささ身は、ごくうすくのばすのがコツです。

材料（2人分）
•鶏ささ身…2枚　•アスパラ…4本　•塩、薄力粉…各適量　•オリーブ油…大サジ1/2杯　•白ワイン、レモン汁…各大サジ1杯

作り方
1　アスパラは根元のかたい部分を取り除きます。軽く塩をし、15分ほどおきます。半分の長さに切ります。
2　ささ身は開いてスジを取り除きます。ラップ2枚で挟み、肉たたきの平らな面でうすくたたきのばします。1枚を半分に切って軽く塩をし、茶漉しで薄力粉をうすく振ります。1を2本ずつのせて巻き、上から薄力粉をうすく振ります。
3　フライパンにオリーブ油を中火で熱し、2の巻き終わりを下にして入れ、白ワインを加えてフタをします。ときどき返しながら蒸し焼きにし、レモン汁と塩少々を振ります。

167 じゃがいもの牛もも肉巻き

149 kcal

薄力粉をまぶし、甘辛味をしっかりからめます。

材料（2人分）
•じゃがいも（メークイン）…1コ
•牛もも肉（うす切り）…8枚
•薄力粉…適量　•ごま油…大サジ1/2杯　•水…カップ1/2杯
A［•しょう油、みりん…各大サジ1杯］

作り方
1　じゃがいもは皮をむき、1.5cm角の棒状を4本切り出します。水に15分ほどさらしてからザルに上げます。
2　牛肉はタテに2枚ずつ並べ（端を重ねる）、茶漉しで薄力粉をうすく振り、1を1本ずつ巻きます。巻き終わりを下にしてAに10分漬けて取り出し、薄力粉をうすく振ります。
3　フライパンにごま油を中火でよく熱し、2の巻き終わりを下にして入れます。ときどき転がしながら全体を焼き、水を加えてフタをし、汁気がほぼなくなるまで焼きます。

168 タラの西京漬け風ムニエル

114kcal

白みその風味と香り、カリッと焼いた皮面。淡白なタラが、ご飯の進むひと品になります。

材料（2人分）
・生ダラ（切り身）…2切れ（約150g）
・白みそ…カップ1杯
・みそ…大サジ2杯
・薄力粉…適量
・塩…小サジ1/2杯
・オリーブ油…小サジ2杯

作り方
1 タラは両面に塩を振り、15分ほどおいて水気を拭き取ります。
2 ボールに白みそとみそを入れ、よく混ぜ合わせます。
3 バットに2のみそ床の半量を塗り広げ、上に不織布のキッチンペーパーをしき、タラをのせます。さらにキッチンペーパー、残りのみそ床と重ねます。バットにラップをし、冷蔵庫で6時間～一晩ほどおきます。
※キッチンペーパーを挟むことで、切り身を焼くときにみそを取り除く手間が省けます。一晩より長くおく場合は、味が濃くなり過ぎないよう、キッチンペーパーを二重にするとよいでしょう。
4 みそ床からタラを取り出して常温にもどし、両面に茶漉しで薄力粉をうすく振ります。フライパンを弱めの中火にかけてオリーブ油をひき、タラの皮面を下にして入れ、皮がカリッと焼けたら返します。もう片面に軽く焼き色がついたら中火にし、こんがりと焼きます。取り出してキッチンペーパーの上に置き、余分な油を吸わせます。
※白みそは糖分を含んでいて焦げやすいので、様子を見て、火加減を調節しながら焼きましょう。
※みそ床は冷凍保存し、みそを足して味をととのえながら、3回ほど使えます。

3

169 う巻き玉子

285 kcal

少し甘めの玉子焼きが蒲焼とよく合います。余熱で形を整え、しっかり冷まして詰めましょう。

材料（3人分）
- 玉子…4コ
- 市販のウナギの蒲焼…1/2串
- 三つ葉…1/2束
- 三温糖…大サジ3杯

※分量は好みで調節しても。
- 日本酒…大サジ2杯
- 塩…小サジ1/4杯
- サラダ油…大サジ3杯

作り方

1 蒲焼はタテ半分に切ります。三つ葉は根元を落としてさっと湯通しし、水に通してよくしぼり、長さを玉子焼き器の幅にそろえて切ります。

2 ボールに玉子を割り入れてカラザを取り除き、菜箸で切るようにしてよく溶きます。三温糖、日本酒、塩を加えてしっかり混ぜ合わせます。

3 玉子焼き器を弱めの中火にかけて油をひき、全体になじませて熱し、不織布のキッチンペーパーにしみ込ませて取り置きます。菜箸で2の玉子液を玉子焼き器にひと筋たらし、ジュッと音がしたら、玉子液をお玉に軽く1杯分加えて全体に広げます。

4 玉子液が半熟に固まったら、奥側から2cmほど手前に折り、手前に向かって巻きます。

※玉子焼き器を手前に傾けると巻きやすくなります。

5 玉子焼きを奥に戻し、取り置いたキッチンペーパーの油を玉子焼き器になじませて熱し、再び玉子液をお玉に軽く1杯分加えて広げます。このとき、玉子焼きを少し持ち上げて、下まで流します。

6 半熟に固まったら、玉子焼きの手前に蒲焼と三つ葉を置き、手前に向かって巻いて、手順5に進みます。同様に、玉子液を入れては巻く、をくり返します。

7 ラップで巻いて形を整え、さらに巻きすで巻いて、輪ゴムなどでしっかりと留めます。冷めるまでおき、6等分に切ります。

※ラップの両端は開けておき、熱を逃がすようにします。

170 鶏もも肉とごぼうの麹煮込み

129 kcal

ごぼうは煮過ぎず、食感を生かすのがポイント。麹がまろやかに、うま味も深くまとめます。

材料（4人分）

- 鶏もも肉…1枚
- ごぼう（細め）…30cm
- しょうが（うす切り）…1片分
- ごま油…大サジ1杯
- 米麹（生）…大サジ2杯
- 日本酒…カップ1/4杯
- 三温糖…小サジ1/2杯
- しょう油…大サジ1/2杯
- 水…カップ2杯

作り方

1 鶏肉は皮と脂身をていねいに取り除き、皮面に庖丁で細かく切り込みを入れてから、ひと口大のそぎ切りにします。ごぼうは皮をよく洗い、小さめの乱切りにします。

2 鍋にごま油としょうがを入れて中火にかけて炒め、香りが立ったら、鶏肉を加えて炒め合わせます。肉に火が通ったら米麹を加えてさっと炒め合わせ、ごぼうを加え、ごぼうに油がなじむまで炒めます。日本酒を加え、煮立たせてアルコールをとばし、水と三温糖を加えてフタをせずに煮ます。アクが出たらすくいます。

※フタをせずに煮ることで、ごぼうに火が入り過ぎず、食感が残ります。

3 煮汁がヒタヒタになったらしょう油を加え、煮汁がほぼなくなるまで煮込みます。

※三温糖、しょう油は、味をみて加減しましょう。

171 鶏のガランティーヌ風

ヘルシーな鶏むね肉にレバーを加えることで、しっとりと濃厚なおいしさになります。

140 kcal

材料（3人分）
- 鶏むね肉…1枚（約170g）
- 鶏ひき肉（むね）…100g
- 鶏レバー…50g
- さやいんげん…5本
- 生パン粉…カップ1/4杯
- 日本酒…大サジ1杯
- みそ…小サジ1杯 •塩、コショー

作り方

1 鶏むね肉は皮と脂身をていねいに取り除き、センイにそってそぐように切れ目を入れて開き、厚みをそろえます。ラップをのせ、肉たたきの平らな面で、5mm厚さ位によくたたきのばします。ラップを外し、軽く塩・コショーします。

2 鶏レバーは2つに切り、血管の束を左手で持って押さえ、右手の庖丁でレバーをしごくようにして血管の束をレバーから抜き取ります。さらにくさみ抜きのため、レバーを切りながら血管や血の塊をていねいに取り除きます。冷水につけ、残った血の塊や脂肪を取り除き、目の細かいザルに上げて水気をよくきります。

3 ボールに2と鶏ひき肉、パン粉、日本酒、みそ、コショー少々を入れ、手でよく練り混ぜます。

4 1に茶漉しで薄力粉（分量外）をうすく振り、まわりを1cm幅位空けて3を均等にのせます。肉のまわりを少し切り落として四角い形に整え、切り落とした肉は上にのせます。さらにさやいんげんをのせ、薄力粉（分量外）をうすく振り、端からロール状に巻きます。ラップで包んで端をねじり、太さを均一に整えます。

5 鍋に湯を沸かしてセイロをのせ、4を入れてフタをし、中火で15分ほど蒸します。取り出して、ラップに包んだまま完全に冷まします。ラップごと1.5cm厚さに切り分けます。

4

172 牛スネ肉とザーサイの蒸しもの

161kcal

牛スネ肉が柔らかく、トロッと蒸し上がります。ザーサイの塩気がアクセントです。

材料（3人分）
- 牛スネ肉（ブロック）…200g
※脂身が取り除かれたものを選びましょう。
- ザーサイ（かたまり）…20g
- ごま油…大サジ1杯
- 紹興酒…大サジ1杯
- 片栗粉…小サジ1杯
- 三温糖…小サジ1/2杯
- コショー…少々
- しょう油…小サジ1杯

作り方

1 ザーサイはうす切りにします。水に5～10分ほどさらして少し塩気を抜き、水をきります。
※途中で味見をし、塩気を抜き過ぎないようにします。

2 牛スネ肉は、脂身が残っていたら取り除き、センイを断って5㎜厚さ位のひと口大に切ります。

3 ボールにザーサイと牛スネ肉を入れ、ごま油、紹興酒、片栗粉、三温糖、コショーを加えて、手でしっかりと揉みながら混ぜ合わせます。15分ほどおきます。
※これらの調味料をよくなじませることで、牛スネ肉が柔らかな食感に蒸し上がります。

4 鍋に湯を沸かし、セイロをのせます。セイロに入る大きさの平らな器（陶磁器の皿など熱に強いもの）に3を広げ、しょう油をまわしかけてからセイロに入れます。フタをし、中火で15分ほど蒸します。

173 豚ひき肉とエビのシュウマイ

226 kcal

ジューシーで、エビがプリッとしたおいしさ。皮で包まず、手軽に作れます。

材料（2人分）

- 豚ひき肉…100g
- 小エビ…100g
- 玉ねぎ…1/4コ
- 市販のシュウマイの皮…1/2袋（12枚）
- しょうが（みじん切り）…小サジ1杯分
- 塩、コショー…各少々
- 練り辛子、しょう油…各適量

※よく混ぜ合わせて辛子を溶き、しょう油入れなどに入れておべんとう箱に添えます。

作り方

1 小エビはカラと背ワタを取り除き、5㎜角位に切ります。玉ねぎはみじん切りにします。

2 ボールにひき肉、小エビ、しょうが、塩・コショーを入れ、手でよく練り混ぜます。玉ねぎを加えてさらに練り混ぜ、4等分に丸めます。

3 シュウマイの皮は幅3㎜位に細長く切り、バットに広げます。

4 2の表面全体に霧吹きで水をかけて湿らせ、3に置き、手で押さえながら皮をつけます。クッキングシートをしいたセイロに並べます。

5 鍋に湯を沸かし、セイロをのせてフタをし、中火で15分ほど蒸して出来上がりです。

※蒸し器を使う場合、よく予熱してからシュウマイを入れます。

4

コラム

ご飯をおいしく、雑穀でヘルシーに

ご飯に雑穀を加えると、噛みごたえと腹もちのよさで、小盛りでも満足できます。松田美智子さんがおすすめする、冷めてもおいしいご飯の炊き方とともにご紹介します。

ご飯の炊き方

1 米はカップ1杯につき10回をめやすによくとぎ、10分ほど水に浸します。

2 ザルに上げ、15分ほど水きりします。

※真ん中を空けると、水きれがよくなります。

3 土鍋に米を入れ、とぐ前の米と同容積の水と、グレープシードオイル（米カップ1杯につき小サジ1杯）を加えて炊きます。

※グレープシードオイルは、香りがうすく上質な油で代用可。

4 炊き上がったら10分ほど蒸らし、大きくさっくりと混ぜます。

1

3

2

4

174 黒米入りご飯

160 kcal

黒米（米カップ2杯に大サジ2杯）は、30分浸水、15分水きりします。水カップ2杯、油小サジ2杯を加えて炊きます。

175 発芽玄米入りご飯

150 kcal

米と発芽玄米は各カップ1杯。発芽玄米はこすり洗いをして30分浸水、10分水きり。水500mℓ、油小サジ2杯を加え、やや長めに炊きます。

176 もちきび入りご飯

161 kcal

もちきび（米カップ2杯に大サジ2杯）は、目の細かい漉し器に入れてさっと水通し。鍋の場合、火にかけて沸いたところでもちきびを加えて混ぜます。水の量はカップ2杯、油は小サジ2杯。

177 五穀ご飯

180 kcal

米300mℓに、発芽玄米、はと麦各大サジ1杯、黒米、もちきび各小サジ1杯。はと麦ともちきびは水通し。発芽玄米、黒米は上記と同様。水340mℓ、油大サジ1/2杯を加え、少し長めに炊きます。

・この頁のカロリー値は、1人分100ｇとして表記しています。

178 雷豆腐の玉子焼き

くずした豆腐を混ぜ込んだ玉子焼き。大豆の風味と、しっかりとした食感を楽しめます。

106 kcal

材料（6人分）
- 木綿豆腐…150g
- 玉子…2コ
- 三温糖、しょう油…各大サジ1杯
- サラダ油…大サジ3杯

作り方

1 豆腐は不織布のキッチンペーパー2枚に包んでまな板2枚で挟み、1～2時間ほど水きりします。

2 ボールに玉子を割り入れてカラザを取り除き、菜箸で切るようにしてよく溶きます。三温糖、しょう油を加えてよく混ぜ合わせ、次に細かくくずした豆腐を加えて混ぜます。

3 玉子焼き器を弱火にかけて油をひき、全体になじませて熱し、キッチンペーパーにしみ込ませて取り置きます。菜箸で2の玉子液をひと筋たらし、一拍おいてシュッと乾いたら、玉子液をお玉に軽く1杯分加えて全体に広げます。

※しょう油が入っていて焦げやすいので、低めの温度で焼きます。

4 玉子液が半熟に固まったら、玉子焼き器を手前に傾け、奥側から手前に向かって巻きます。

5 玉子焼きをいったん奥に戻し、取り置いたキッチンペーパーの油を玉子焼き器になじませて熱し、再び玉子液をお玉に軽く1杯分加えて広げます。このとき、玉子焼きを少し持ち上げて下まで流します。

6 手順4、5を、玉子液がなくなるまでくり返して焼きます。

7 ラップで巻いて形を整えます。冷めるまでおき（ラップの両端は開けておく）、6等分に切ります。

4

6

179 切干大根入りオムレツ

うま味たっぷりの切干大根が絶妙なおいしさです。

171 kcal

材料（2人分）

・玉子…2コ　・切干大根…6g
・鶏ガラスープ（または水）…カップ$\frac{1}{2}$杯　・白ワイン、生クリーム…各大サジ1杯　・ナムプラー…小サジ1杯　・白コショー…少々
・ごま油…小サジ2杯

作り方

1　切干大根は水でもどしてよく洗ってしぼり、適当な長さに切ります。鍋に入れ、鶏ガラスープ、白ワインを加えて中火にかけ、煮立ったらナムプラーを加えます。汁気がほぼなくなるまで煮て、粗熱を取ります。

2　ボールに玉子を割り入れてカラザを除き、生クリームと白コショーを加えてよく混ぜます。フライパンにごま油を強めの中火で熱し、玉子液を入れ、半熟になったら1をのせて包んで焼きます。キッチンペーパーにのせて余分な油を吸わせます。

180 塩玉子

ほのかな塩気に、花椒《ホワジャオ》と八角がアクセント。

43 kcal

材料（8人分）

・玉子…4コ
・花椒（ホール）…小サジ1杯
・八角（8サヤに分ける）…1サヤ
・塩…大サジ2杯
・水…カップ2杯

作り方

1　玉子は常温にもどしておきます。小鍋に玉子と分量の水、塩を入れて中火にかけます。玉子の黄味が中央で固まるよう、湯が沸くまでの間、菜箸を湯の中で回し、水流で玉子を回します。

2　湯が沸いてから10分ゆでて火を止め、花椒と八角を加えます。粗熱が取れるまでおき、密閉容器や保存用ポリ袋にカラつきのまま汁ごと移します。冷蔵庫で4～5日漬けます。

181 野菜のグリル

56kcal

ただ焼くだけで、野菜の甘味が増します。

材料（2人分）
- ごぼう…10cm
- れんこん…40g
- 赤ピーマン…1コ
- オリーブ油…大サジ2杯
- 塩…適量

作り方
1 ごぼうはよく洗い、長さ半分、タテ半分に切り、スが入っていたらスプーンで取り除きます。れんこんは皮をむき、小さめの乱切りにします。赤ピーマンはタテ半分に切ってヘタと種を取り除き、さらに半分に切ります。
2 1に塩を手でまんべんなくまぶし、オイルスプレーでオリーブ油を吹きつけます。
3 魚焼きグリルのアミにオリーブ油（分量外）をうすく塗って予熱し、2を入れて、焼き色がつくまで焼きます。
※火が通りやすい赤ピーマンは先に取り出します。

182 じゃがいものさっと炒め

64kcal

火を通し過ぎず、シャキシャキ感を楽しみます。

材料（2人分）
- じゃがいも（メークイン）…1コ
- コショー、とろろ昆布…各適量
- ごま油…大サジ$\frac{1}{2}$杯
- 塩…少々

作り方
1 じゃがいもは皮をむき、7mm角、4cm長さの拍子木切りにします。たっぷりの水に15分ほどさらし、でんぷん質をしっかりと抜き、ザルに上げます（時間がない場合は流水にさっとさらしても）。
2 フライパンにごま油をひき、中火にかけます。よく熱してから、じゃがいもを入れ、塩を加えて炒めます。じゃがいもが少し透き通ってきたら味をみて、コショーで味をととのえて火を止めます。おべんとう箱に詰めるとき、水気が出ないよう、下にとろろ昆布をしきます。

183 厚揚げと干しエビの煮もの

干しエビとナムプラーの味わいがしみ込みます。

104 kcal

材料（3人分）

- 厚揚げ…1枚
- ナムプラー…大サジ1杯
- ごま油…小サジ1/2杯

A［•干しエビ…大サジ1杯 •しょうが（せん切り）…小サジ1杯分 •日本酒…大サジ2杯 •水…カップ1杯］

作り方

1 厚揚げは熱湯で5分ほどゆでて油抜きし、2cm角に切ります。

2 鍋に1とAを入れ、フタをして強火にかけます。煮立ったら中火にし、10分ほど煮ます。ナムプラーを加え、さっと混ぜ合わせて火を止めます。一晩ほどおき、味をなじませます。

3 中火にかけたフライパンに汁気をきった2を入れ、カラ炒りし、軽く水分をとばします。ごま油をまわしかけて火を止めます。

184 厚揚げのトマト炒め煮

厚揚げがトマトのうま味を含み、洋風のひと品に。

144 kcal

材料（3人分）

•厚揚げ…1枚 •トマト…1コ •にんにく（みじん切り）…小サジ1/4杯分 •オリーブ油、うす口しょう油…各大サジ1杯 •三温糖…小サジ1/2杯 •白ワイン…大サジ2杯 •塩、白コショー…各適量

作り方

1 厚揚げは熱湯で5分ほどゆでてから油抜きし、短辺を半分に切ってから1cm幅に切ります。トマトは皮をむいてヘタと芯を除き、ざく切りにします。

2 鍋にオリーブ油とにんにくを入れて中火にかけて炒め、トマトを加えて炒め合わせます。トマトがくずれたら、厚揚げ、三温糖、白ワインを加え、汁気が少なくなるまで煮ます。うす口しょう油を加え、味をみて、塩・白コショーでととのえます。

185 キャベツのめんたい和え

甘味のあるキャベツに辛子明太子がよく合います。

66 kcal

材料（3人分）
- キャベツ…1/4コ
- 辛子明太子（うす皮を取ってほぐす）…大サジ2杯分（約1腹）
- オリーブ油…大サジ1杯
- 塩…適量

作り方
1 キャベツは葉を1枚ずつ外します。鍋に湯を沸かして塩とオリーブ油を入れ、キャベツを加えて強火で1分ほどゆで、ザルに上げます。
2 キャベツをキッチンペーパーで包み、水気をよく取ります。センイにそって1cm幅位に切り、4cmほどの長さに切ります。水気をしっかりしぼってボールに入れ、辛子明太子を加えて和えます。

186 ほうれん草のごまみそ和え

ごまをたっぷり使い、トロリと濃厚に仕上げます。

133 kcal

材料（3人分）
- ほうれん草…1/2束
- 白炒りごま…カップ1/4杯
- 白練りごま…大サジ1杯
- 日本酒…大サジ4杯
- みそ…小サジ1杯

作り方
1 日本酒は小鍋に入れ、強火に1分かけて煮切り、冷まします。
※この煮切り酒は多めに作って常備すると、和えものや酢のものなどの味をうすめたいときに活用できます。
2 ごまはフライパンで炒ってすり鉢に入れ、すりこ木で軽くすります。煮切り酒大サジ2杯、練りごま、みそを加え、よくすり混ぜます。
3 鍋に湯を沸かし、ほうれん草を10秒ほどかためにゆでて水に取り、葉先を下にしてしぼります。根元を落として3cm長さに切り、水気をよくしぼって2に加えて和えます。

187 きゅうりの梅和え

きゅうりは種を除き、水気が出るのを抑えます。

27kcal

材料（2人分）
- きゅうり…1本
- 梅干し…1コ
- 塩…小サジ1/2杯
- ごま油…小サジ1杯

作り方

1 きゅうりは端を落としてタテ半分に切り、スプーンで種を取り除いてから、1cm厚さに切ります。ボールに入れ、塩を加えてよく混ぜ合わせます。10分ほどおいて水気が出てきたら、しっかりしぼります。

2 梅干しは種と果肉に分け、果肉は庖丁で粗くたたきます。1に、果肉と種、ごま油を加え、手でよく混ぜ合わせます。おべんとう箱に詰める前に種を除きます。

※梅干しの種から出る風味も余さず生かします。

188 かまぼこの海苔和え

海苔の風味が生きた、さっぱりとしたおいしさ。

42kcal

材料（2人分）
- かまぼこ…1/2本（約75g）
- 海苔（8つ切り）…5枚
- スプラウト…1/2束

※ブロッコリーや大根など、好みの種類で。
- 塩…少々

A（混ぜ合わせておく）
- うす口しょう油…小サジ1杯
- 米酢…小サジ1杯
- 柚子こしょう（好みで）…少々

作り方

1 海苔は1枚を半分にちぎり、Aに浸して柔らかくなるまでおきます。

2 スプラウトは根元を落として種を除き、ボールに入れて塩を振ります。水気が出たらよくしぼります。

3 かまぼこはうす切りにしてから半分位にちぎります。1に加えて和え、さらに2を加えて和えます。

※かまぼこは手でちぎることで、味がからみやすくなります。

189 大豆のにんにくみそ風味

かためにゆでた大豆を使って、食感を楽しみます。

91 kcal

材料（4人分）

・大豆（乾燥）…300g　・にんにく（みじん切り）…小サジ1/2杯分　・日本酒、水…各カップ1/4杯　・みそ…大サジ1杯

作り方

1　沸騰した湯に大豆を入れ、沸騰したままの火加減で20分ほどゆでます（アクはすくい、同量の水を足す）。1粒食べて、ややかため位で火を止めますが、豆は冷めるとかたくなるので加減します。鍋のフチから水を細く流し入れて豆をひと肌位に冷まし、すくってザルに上げます。

2　1をカップ1杯分取り分けてフライパンに入れます。そのほかの材料をすべて加えて中火にかけ、混ぜながら、汁気がほぼなくなって少しこんがりするまで煮ます。

※残りのゆで大豆は小分けで冷凍保存し、次回に活用しましょう。

190 糸こんにゃくのおかか炒め

こんにゃくの丹念なアク抜きが、おいしさの秘けつ。

48 kcal

材料（2人分）

・糸こんにゃく…150g　・かつおぶし…カップ1/2杯　・ごま油…大サジ1/2杯　・オイスターソース、塩…各小サジ1杯　・みりん…小サジ1/2杯

作り方

1　糸こんにゃくは食べやすく切り、塩とともにボールに入れ、水気が出るまでよく揉みます。鍋に水とともに入れて中火にかけ、沸いてから20〜30分ほどゆでて水洗いし、ザルに上げます。強めの中火にかけた鍋でカラ炒りし、キュンキュンと鳴るまでしっかり水分をとばします。

2　フライパンを強めの中火にかけてごま油を熱し、1を炒めます。油がまわったらオイスターソースを加えて混ぜ、みりんを加えます。火を止めて、かつおぶしを加えてさっと混ぜ合わせます。

191 赤ピーマンのきんぴら

100 kcal

うす味で、しゃっきり感を生かして仕上げます。

材料（2人分）

- 赤ピーマン…4コ
- 日本酒…大サジ3杯
- ごま油、三温糖、うす口しょう油…各大サジ1/2杯
- 炒りごま（黒・白どちらでも）…適量

作り方

1 赤ピーマンはヘタを落としてタテ半分に切り、種をていねいに取り除きます。センイを断つように、ヨコに5㎜幅位に切ります。

2 フライパンを強めの中火にかけてごま油をひき、よく熱してから1を入れて炒めます。油がなじんだら、三温糖、日本酒を加えて炒め、汁気が半分になったらうす口しょう油を加えます。1分ほど炒め、汁気ごとバットに移し、ごまを振ります。

※少し汁気を残すと、冷めたときに汁気を吸ってほどよく仕上がります。

192 干し椎茸のうま煮

55 kcal

干し椎茸をもどさず使い、食感とうま味が抜群です。

材料（2人分）

- 干し椎茸（どんこ）…大2枚
- 日本酒…大サジ3杯
- 三温糖…大サジ1杯弱
- しょう油…大サジ1杯
- 水…カップ1杯

作り方

1 干し椎茸は、軸の付け根に霧吹きで水（分量外）を吹きかけ、湿らせます。軸を切って取り除き、タテ3つに切ります。

2 小鍋に分量の水と1を入れて中火にかけ、煮立ったら、日本酒と三温糖を加えて煮ます。煮汁が半分位になったらしょう油を加え、汁気がほぼなくなるまで煮詰めます。

193 おからのマリネ風サラダ

おからは洗うことでふんわりと仕上がります。

36 kcal

材料（5人分）

・おから…カップ1杯　・セロリ（茎）…1/2本分　・赤ピーマン…1/2コ　・アンチョビ（フィレをみじん切り）…1枚分　・鶏ガラスープ…カップ1/2杯

A［・粒マスタード…小サジ2杯
・白コショー、塩…各少々］

作り方

1 セロリはスジを取って2cm長さに切り、センイにそってうす切りにします。赤ピーマンはヘタを落とし、種を取り除いて5mm角に切ります。

2 おからは目の細かい漉し器に入れ、流水でよく洗って水気をしぼります。鍋に入れ、アンチョビ、鶏ガラスープを加え、中火にかけます。ゴムベラを立てて混ぜながら、水気がほぼなくなるまで煮て、火を止めます。粗熱が取れたら、1とAを加えて混ぜ合わせます。

194 にんじんのごま和えサラダ

甘酢っぱいにんじんマリネ。ごまの風味が絶妙です。

91 kcal

材料（5人分）

・にんじん…2本
・白すりごま…大サジ2杯
・三温糖…小サジ1杯
・塩…小サジ1/2杯
A（混ぜ合わせておく）
［・米酢…大サジ1杯
・オリーブ油…大サジ1杯］

作り方

1 にんじんは皮をむき、ピーラーでささがきの要領で、4cm長さ位のうす切りにします。ボールに入れて三温糖を加え、よく混ぜ合わせてなじませます。

2 10分ほどおいて水気が出たら、塩を加えてさっと混ぜ、しっかりしぼります。Aとすりごまを加えて混ぜ合わせ、味をみてうすければ、塩と三温糖でととのえます。

※オレンジやナッツを加えても。常備菜におすすめです。

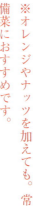

195 モロッコいんげんの漬け焼き

62 kcal

噛みごたえがあり、彩りもよいひと品。

材料（3人分）
- モロッコいんげん…4本
- しょう油…大サジ1杯
- オリーブ油…大サジ1杯
- みりん…大サジ1/2杯

作り方

1 バットにしょう油、オリーブ油、みりんを入れて混ぜ合わせ、モロッコいんげんを切らずに浸して15分ほどおきます。

2 魚焼きグリルのアミにモロッコいんげんを並べて焼きます。途中で取り出して漬け汁に浸し、またアミに戻すことを何度かくり返しながら焼き、こんがりと焼き色がついたら火を止めます。ヘタを落とし、食べやすい長さに切ります。

196 たたきごぼう

78 kcal

新ごぼうの香りと食感をシンプルに味わいます。

材料（3人分）
- 新ごぼう…30cm
- 塩…小サジ1/2杯

A（混ぜ合わせておく）
- 白すりごま…大サジ2杯
- 米酢…大サジ1杯
- 三温糖…小サジ1杯

作り方

1 ごぼうはよく洗って5cm長さに切り、タテ半分にします。スが入っていたらスプーンなどで取り除き、肉たたきの平らな面で軽くたたいてつぶします。

2 鍋に湯を沸かして酢を加え（分量外・酢は湯に対して10％の容積量がめやす）、1を1分ほどゆでます。ザルに上げ、熱いうちに塩をまぶし、Aと和えて粗熱を取ります。

編集者の手帖

さて、明日のおべんとうは何を作ろうか。日々、頭を悩ませながら作り続ける人の役に立つ本を作りたい。私たちはそう考えてこの本を企画しました。マンネリにならず、飽きずにおいしく食べてもらえるようなおべんとう。そして、おべんとう箱を開けたとき、ちょっとうれしくなるようなレシピを。

そこで考えたのは、「おかず」単品のレシピ集でした。１９６品のなかから、組み合わせは自由ですから、レパートリーはぐっと広がります。

そして、忙しい朝にも負担なく作れること。おかずはメインと簡単なサブの2品でいいのです。それに野菜や和えものなどの付け合わせを添える。できるだけシンプルで、しかも素材や栄養の面でバランスのよいおべんとう。そんな考えに、瀬尾幸子さん、脇雅世さん、松田美智子さんがお応えくださり、実現しました。

読者のみなさまからたくさんの声をいただきました。なかでも多かったのは、「おべんとうとしてだけでなく、夕飯にも役立つ」というもの。昼に夕に、フル活用していただけて、こんなにうれしいことはありません。（U）

この本の制作をきっかけに、自分でもおべんとう作りを始めて、気づいたことがあります。おかずとご飯は別々の容器に入れるより、おべんとう箱に詰めると、なぜかとってもおいしく感じること。自分の味はほっとするもので、腹八分目でも充分満足できること。「おべんとうって、いいものだなあ」と、しみじみ思うようになりました。

とはいえ、朝の短時間で何品ものおかずを作るのは、なかなか大変です。脇雅世さんが教えてくださった「作り置きおかず」は、ひと品でも作っておけばゆとりが生まれますし、忙しい日の夕食にもご活用いただけます。

松田美智子さんの「カロリーオフおかず」は、油や脂肪分が控えめでも、おいしくて食べ応えもあり、満足感が得られるのが特長です。油は小サジ１杯で約37キロカロリー。目分量だと多めに使いがちなので、はじめはレシピ通りに量ってお作りください。

おべんとうは、心身の健康を支えるすぐれもの。お作りになれば、そう実感できることでしょう。毎日無理なく作り続けるために、このレシピ集がお役に立てたら、幸せに思います。（K）

「おべんとうの本を作るスタッフに入ってほしい」。そう言われたとき、正直、ぎくりとしました。

過去におべんとうを作っていたこともありましたが、前日のおかずの残りばかりで楽しくない。かといって、おべんとう用におかずを作る気力はない。うまく詰められず中身が偏って、食べるころにはおいしそうじゃない。自分には向いていないんだ、と決めつけ、それ以来お昼は外食になったのです。

うしろめたい気持ちを抱え、「でも、この挫折を生かせないものか」と、瀬尾幸子さんにご相談しました。すると、「ハードルを上げすぎているんじゃないかしら。短時間で作れるものでいいんですよ」と目から鱗のお返事。

教えていただいたレシピで作ってみると、意外なほど少ない材料で、手早く作れて、ちゃんとおいしい。これでいいんだ。これなら続けられる！

瀬尾さんがきれいに詰めるのを見て、自分のおべんとう箱が大きすぎたことが発覚。小さいものに替えたら、見事うまく詰められました。この本に携わることで、おべんとう作りへの苦手意識が克服できて、感謝しています。（H）

挿画　フジマツミキ

この本は2014年3月5日に刊行した、
別冊『おべんとうのおかず196』を書籍化したものです。

暮しの手帖のおべんとうのおかず196
二〇一八年二月二十六日　初版第一刷発行
二〇一八年四月　十八日　第二刷
著　者　暮しの手帖編集部
発行者　阪東宗文
発行所　暮しの手帖社　東京都新宿区北新宿一ノ三五ノ二〇
電　話　〇三－五三三八－六〇一一
印刷所　凸版印刷株式会社

ISBN 978-4-7660-0206-5　C2077

好評発売中　暮しの手帖社の料理書籍

人気書籍『子どもに食べさせたいおやつ』の続編
「おかあさんの輪」による待望のごはん本
『子どもに食べさせたい　すこやかごはん』
おかあさんの輪　著
本体価格　1800円（税別）　ISBN978-4-7660-0205-8

ミシュラン三つ星の日本料理の名店
「かんだ」主人による家庭料理の新決定版
『神田裕行のおそうざい十二カ月』
神田裕行　著
本体価格　2200円（税別）　ISBN978-4-7660-0203-4

『暮しの手帖』の「わが家」シリーズを、
一冊にまとめた保存版レシピ集
『23人の定番　わが家レシピ』
暮しの手帖編集部　編
本体価格　1400円（税別）　ISBN978-4-7660-0186-0

別冊『暮しの手帖の評判料理』冬編と春夏編から
編集部が選りすぐったレシピ集
『暮しの手帖のとっておきレシピ』
暮しの手帖編集部　編
本体価格　1600円（税別）　ISBN978-4-7660-0185-3